인터넷 시대의 한국어 교육

인터넷 시대의 한국어 교육

김 영 만 지음

한국문화사

저자와의
협의하에
인지생략

인터넷 시대의 한국어 교육

초판인쇄 2007년 6월 30일
초판발행 2007년 7월 5일

지 은 이 김 영 만
펴 낸 이 김 진 수
펴 낸 곳 **한국문화사**
등 록 1991년 11월 9일 제2-1276호
주 소 서울특별시 성동구 성수1가2동 656-1683번지 두앤캔B/D 502
전 화 (02)464-7708 / 3409-4488
전 송 (02)499-0846
이 메 일 hkm77@korea.com
홈페이지 www.hankookmunhwasa.co.kr

값 10,000원

ISBN 978-89-5726-462-1 93710

서 문

1980년대 후반 직장에서 286 컴퓨터를 처음 대하는 순간 신기하고도 재미있었고 그 편리함에 반해 컴퓨터와 친해지게 되었다. 그 당시 일하던 사무실은 모든 문서를 데이터베이스로 저장해 나가는 데에 주력했기 때문에 지금은 잘 사용하지 않는 초기의 응용 프로그램들도 많이 사용했었다. 1988년 서울 올림픽 때 외국인 기자들이 즐겨 사용하던 워드프로세서를 보면서 그들의 작업이 첨단을 걷는 것처럼 보이기도 하였다. 그러나 이제 세월이 흐르면서 워드프로세서나 286 컴퓨터는 추억 속에 기억되는 도구들이 되어버렸고, 초고속 통신망을 통한 방대한 정보의 유통과 지식 획득의 場에서 매일의 삶을 살아가는 커다란 혜택도 누리게 되었다. 이제 컴퓨터나 인터넷이라는 단어는 귀에 따갑도록 듣는 말이 되어버렸고, 삶의 구석구석까지 정보통신 기기의 사용이 깊이 뿌리를 내리는 시대를 살아가고 있다.

이 책은 이러한 국내외의 정보통신 기술의 발전이 가져온 사회 변화가 결국 교육적 현실에서도 도외시될 수 없으며, 보다 긍정적이고 효과적인 방향에서 활용되어야 한다는 시각에서 출발하였다.

먼저 1장에서는 컴퓨터와 인터넷의 역사에 대해 짚어보고 이러한 기술의 발달로 등장한 하이퍼텍스트의 개념과 특성에 대해 살펴보았다. 아울러 하이퍼텍스트가 구성주의적 시각에서 바라볼 때에 교육적 측면에서 그 사용 범위가 더 확대될 필요가 있다는 것을 주장하였다.

2장에서는 인터넷과 컴퓨터의 발달로 많은 정보와 지식의 나눔이 가상공간을 통해 이루어지면서 우리 사회가 정보 중심의 사회로 변모하고 있음을 지적하고 정보사회가 도래된 배경과 그 특징에 대해 살펴보았다. 또한 앞으로의 사회에서 필요한 인재 육성이 정보를 이해하고 필요와 목적에 따라 효과적이고 적절하게 이용할 줄 아는 정보 운용 능력을 갖춘 인재를 배출해 내는 것에 초점이 맞추어져야 함을 주장하였다. 이러한 측면에서 외국어로서의 한국어 교육에서도 보다 많은 자료와 환경을 학습자들에게 제공함으로써 다양성, 융통성, 창조성, 역동성을 살린 교육을 이루어 학습자들이 직접 경험하는 실생활에서 스스로 문제를 해결하고 목적하는 바를 이루어 나가는 한국어 활용 능력을 길러 주어야 한다고 보았다.

3장은 하이퍼텍스트를 활용하여 한국어 교육을 이루어 나가는 여러 가지 방안들에 대해 고찰하는 내용을 중심으로 구성하였다. 그리하여 이메일, 전자게시판, 블로그, 인터넷 신문 등을 활용한 한국어 수업 구성 방안에 대해 알아보았다. 또한 여러 가지 매체를 한국어 교육에 도입하여 학습자의 흥미와 관심을 일깨우고 수업 내용의 다양성과 창조성을 부각시키며 학습자의 참여도를 높이는 수업 방안에 대해서도 고찰하였다.

사실 한국어를 가르치는 교사의 입장으로 강단에 서 있는 동안 늘 학습자들로부터 무엇인가를 배워 나가고 있는 내 자신을 발견할 때가 더 많았다. 맨 처음 만나는 외국인들 앞에서 과연 내가 실수없이 수업을 잘 마무리할 수 있을지에 대해 스스로 반문하며 수업을 준비하던 기억에서부터 이제는 마치 친자녀처럼 느껴지는 요즘의 학습자들을 대할 때, 한국어 교육의 場은 나에게 성장과 발전을 안겨다 준 은혜의 자리였음을 되새기게 된다. 다양한 학습자들이 한국어라는 통로를 통해 내 삶에 찾아와 주지 않았다면 나의 내면적 성장이 과연 얼마나 이루어졌을지 혼자 생각해 보기도 한다. 모든 학습자들은 나를 비춰주는 거울이 되어 주었고, 나는 그들로부터 값진 보화를 얻어가는 한 인간으로서의 내 모습 앞에 스스로 고개를 숙이지 않을 수 없었다.

또한 이 책에 수록된 내용들은 많은 스승님들의 가르침에서 비롯된 것이다. 정보사회의 도래로 인한 교육적 변화에 대해 많은 의견과 조언을 주시며 계속 연구를 할 수 있도록 도와주셨던 서울대학교 국어교육과 교수님들, 항상 넓은 마음으로 모든 것을 포용해 주시고 도와주셨던 서울시립대학교 국제교육원 교수님들, 그리고 자료를 사용하도록 허락해 주신 여러분들, 출판을 도와주셨던 출판사 관계자분들께 진심으로 감사의 마음을 전하고 싶다.

요즘은 한국 문화의 보급과 경제적 성장으로 인해 한국어를 배우려는 학습자들이 점점 더 많아지고 있다. 이들이 한국어를 배우면서 단순히 말을 배우는 차원이 아니라, 자신 안에 감추어져 있는 보화를 발견하고 그것을 여러 사람들과 함께 나누며 더욱 풍요롭고 만족스러운 삶으로 한 걸음 더 나아갈 수 있기를 소망한다.

2007년 6월

저자 씀

차례 CONTENTS

3장 하이퍼텍스트 중심의 한국어 교육 방안

1장

컴퓨터, 인터넷, 하이퍼텍스트

1. 컴퓨터와 인터넷의 등장
2. 하이퍼텍스트의 개념과 특징

1장 컴퓨터, 인터넷, 하이퍼텍스트

1. 컴퓨터와 인터넷의 등장

1-1. 컴퓨터의 등장

사고할 수 있는 능력을 소유한 인간은 언제나 보다 새롭고 발전적인 것을 추구하려는 커다란 욕구와 잠재력을 가진 존재이다. 단순히 먹고 마시며 살아있다는 생존에 대한 확인과 안락만으로는 인간 내면에 항존하는 커다란 에너지와 존재 의미가 충족된다고 할 수 없다. 오직 인간만이 지니는 사고하고 발전할 수 있는 힘의 원천을 통해 인류는 끊임없는 변화와 성숙의 근간을 마련하며 지속적으로 발전해 왔다. 그 중에서도 요즘 가장 큰 각광을 받고 있는 것이 아마 컴퓨터일 것이다.

이제 컴퓨터는 가정이나 사무실, 학교 그 어디를 오가든 쉽게 볼 수 있고 일상적으로 사용하는 생활의 필수품이다. 예를 들어 은행의 전산망이 잠시라도 고장나거나 문제가 생기면 그 파급 효과는 금세 퍼져서 은행 업무가 마비되고, 그 불편함이란 이루 말할 수 없다. 그만큼 컴퓨터나 이와 관련된 기술들은 삶에 직접적으로 영향을 주는 중요한 도구로써 이미 자리매김하고 있다.

그러나 엄청난 양의 데이터를 저장할 수 있고, 생활의 편리함을 주는 컴퓨터의 첫 모습은 지금처럼 대단한 양의 정보를 저장하거나 다양한 기능을 할 수 있었던 것은 아니였다.[1] 1833년 Babbage라는 영국의 수학자가 구상한 기계식 전산기는 컴퓨터가 세상에 태어날 수 있는 계기를 마련해 주었다. 당시의 전산기는 "수를 저장하는 장치(기억), 저장된 수치간의 계산을 하는 장치(연산), 기계의 동작을 제어하는 장치(제어), 입출력 장치"[2]의 체계를 가진 것으로 구상 되었다. 이 계산기는 오늘날의 컴퓨터와 같은 구성 방식을 채택하였지만, 기술의 한계로 인해 세상에 빛을 보지는 못하였다. 그 후 Hollerith가 데이터 입력기술을 활용한 전산기계를 만들었고, 이것이 1890년 미국 인구조사에서 도입되면서 방대한 자료 처리와 이용을 위해서는 자동 처리 기술의 발전이 필요하다는 생각이 확산되었다. 그 뒤를 이어서 1930년, IBM은 콜럼비아 대학과 하버드 대학에 연구소를 설립하고 Aiken과 같은 학자들과 함께 Harvard-IBM이라고 명명한 전산기계를 만들어냈다.

그리고 얼마 지나지 않아 2차 세계 대전이 벌어지면서 전쟁을 승리로 이끄는 데에 필요한 기술과 통신의 연구 개발이 활성화되었다. 이 과정에서 현대식 전자컴퓨터의 효시인 ENIAC(Electronic Numerical Intergrator and Calculator)이 탄생하게 되었다. ENIAC은 미 육군 탄도학 연구소가 펜실베니아 대학의 무어 스쿨에 연구를 의뢰하고 이에 참여한 Mauchly와 Eckert 등의 노력으로 1946년에 만들진 것이다. 이 계산기에는 19,000개의 진공관이 사용되었으며, 그 무게는 30톤 정도나 되는 당시로서는 획기적인 장비였다고 할 수 있다. 그러나 ENIAC은 저장장치가 없었던 점과 기억 용량의 한계로 인해 다목적으로 사용되는 데에는 무리가 있었다. 이러한 ENIAC의 불편을 해소하기 위해 Neumann은 내부기억장치를 사용할 것을 제안했고 이를 바탕으로 개발된 UNIVAC이 1951년에 선보임으로써 상업용 컴퓨터가 등장하게 되었다.

그 후 구소련이 대륙간 탄도장치 개발에 미국보다 우위에 서자 미국도 군사연구 프로젝트를 시작하게 되었는데 그 대표적인 것이 1954년부터 시작된 미공군 반자동 지상경계(SAGE: Semi-Automatic Ground Environment)이다. 이 SAGE는 "공격목표의 자동탐지 및 신속한 작전명령 체계의 일원화를 위한 목적으로 레이더, 통신, 컴퓨터를 결합한 총체적인 커뮤니케이션 네트워크 시스템"(Sackman, 1971: 32-44; 전석호, 1993: 68에서 재인용)을 가리킨다. 이 연구 개발에는 180억 달러가 투입되었으며, 그 후 SAGE는 금융기관의 온라인 전산망에 이용되기도 하였다. 그리고 이러한 시스템 개발에 참여했던 IBM의 경우는 단순히 국가적 차원의 연구를 뛰어넘어 컴퓨터를 상업화하는 길을 모색하게 되었고 그 결과 컴퓨터는 더욱 많은 기능을 지닌 소형화, 개인화로 이어져 오늘날과 같이 다양한 용도로 사용되는 데에 이르렀다.

한 사람의 작은 생각에서 시작된 컴퓨터는 이제 우리 삶에 없어서는 안 될 중요한 삶의 도구가 되어가고 있다. 컴퓨터와 정보기술이 만들어내는 새로운 세상은 인간을 더욱 넓고 편리하며 다양한 삶으로 안내해 주고 있다. 바로 이러한 세상의 뒤편에는 모든 정보를 공유하며 보다 나은 사회를 일구어 내려고 한 인터넷 정신을 가진 젊은이들이 있었다. 컴퓨터를 켜면 너무나 손쉽게 연결되는 인터넷, 그 인터넷은 과

연 어디서부터 시작된 것일까.

1-2. 인터넷의 역사와 기능

컴퓨터와 함께 발달된 인터넷 기술은 우리 삶의 공간과 시간의 한계를 뛰어넘는 활동과 교류를 가능하게 한 원동력이 되어 주었다. 인터넷의 이용 범위는 정보 교류, 산업, 금융, 의료, 교육, 오락 등 거의 모든 분야로 확산되고 있다. 인터넷의 발달로 인해 우리는 이전 시대에 상상할 수 없었던 다양성, 정보성, 창조성, 신속성 등을 매일 경험하며 살아가고 있다.

이재현(2005: 21)에 따르면 인터넷이란 "TCP/IP라는 고유한 프로토콜[3)]을 기반으로 구축된 전세계적인 네트워크들의 네트워크, 또는 이를 통해 구성되는 전세계적인 사람들과 자원들의 집합체"를 의미한다.

인터넷이 처음 고안되었을 당시에는 어떤 개인이나 대중을 위한 것도 아니었으며, 상업적, 오락적 목적이 있는 것도 아니었다. 이미 잘 알려진 것처럼 인터넷은 1969년 미국에서 군사적 목적으로 출발한 것에서 그 기원을 찾을 수 있다. 미국에서는 어떤 군사적 공격을 받는다고 하더라고 피해를 최소화하면서 정보를 전달하고 의사소통을 이룰 수 있는 시스템의 필요성을 느끼고 이를 개발하기 시작한 것이다. 또한 당시의 기술로서는 컴퓨터의 크기나 인터넷의 연결망이 지금과는 많은 차이가 있었기 때문에 개인적인 용도로까지는 사용될 수 없었을 것이다. 그러나 시간의 흐름과 함께 정보통신 기술의 발전에 힘입어 이제 인터넷은 의사소통과 정보 교류의 중요한 역할을 담당하는 도구로 변모하게 되었고 오늘날과 같은 다양한 용도로까지 사용할 수 있게

되었다.[4]

특히 인터넷의 초기 고안자들은 정보 전달과 그것의 나눔에 대해 깊이 생각했고 이러한 정신[5] 실현이 결국 지금의 인터넷 대중화로 이어진 것이라고 할 수 있다. 여기서 인터넷의 기본 정신에 대해 좀 더 자세히 살펴보면 다음과 같다.(성동규・라도삼, 2000: 40-41)

인터넷 기본 정신 1

- 자유로운 정보의 공유
- 자유분방한 의사개진과 자기표현
- 열린 마음과 정보
- 정보 분배를 통한 민주화

인터넷 기본 정신 2

- 규제와 단속이 없는 네트워크를 통한 자유로운 정보의 흐름보장
- 컴퓨터와 정보매체에 대한 무제한적 접근
- 전세계를 연결하는 Global Society 구현

인터넷 기본 정신 3

- 어떠한 상황에서도 안전하게 접속하여 이용할 수 있는 단속없는 개방형 네트워크의 구축
- 전세계 어디서나, 누구나 자유롭게 접속하여 원하는 정보를 창출하고 유통하며 획득할 수 있는 네트워크 구축
- 전세계를 연결하는 컴퓨터 네트워크의 구축을 통한 전자지구촌 (Electronic Global Village) 구현

결국 인터넷의 기본 정신은 개인의 개성과 의견을 존중하고 열린 마음과 시스템을 통한 정보의 유통과 공유를 중요시하는 것이라고 할 수 있다. 그리고 이러한 기본 정신은 인터넷 이용자라면 누구나 한 번쯤 생각해 보아야 할 문제이며, 앞으로의 정보 사회가 보다 긍정적인 방향으로 나아가도록 하는 데에 우리 모두의 책임이 있다고 할 수 있을 것이다. 또한 인터넷은 그 편리함과 속도성으로 인해 사용역이 점차 광역화되어 가며 그 기능도 날로 다양해진다고 볼 수 있으나, 일반적으로 다음과 같은 기능을 가진다고 생각된다.(이재현, 2005: 27-28)

첫째, 인터넷은 커뮤니케이션적인 기능을 갖는다.[6] 면 대 면(face to face)은 아니라고 하더라도 인터넷을 통해 우리는 다른 사람들과 많은 것을 나눌 수 있다. 의사소통이라는 것이 장소와 목적에 따라 여러 가지 도구와 상황을 필요로 할 수는 있지만, 간편하면서도 빠르게 의사소통을 이루어 나가는 데에 인터넷만큼 편리하고 경제적인 도구도 드물 것이다.

둘째, 인터넷은 상호작용적인 기능을 갖는다. 인터넷은 개인적 공간에서 이루어지지만 인터넷에 접속한 상대방과 의사소통을 할 수 있음은 물론 여러 종류의 활동에 참여 할 수 있는 장점을 지닌다. 예를 들어 인쇄물(신문, 책 등)을 통한 의사소통은 인터넷에 비해 일방적인 전달과 수용의 성격이 강하지만, 인터넷을 통해 이루어지는 의사소통은 참여자 상호간의 소통과 양방향적인 성향이 강하다.

셋째, 인터넷은 정보적 기능을 가진다. 인터넷 사용자는 인터넷을 통해 정보를 전파하기도 하고 정보를 얻기도 한다.[7] 예를 들어 이메일이나 전자 게시판의 경우만 보더라도 송신자 한 쪽만의 참여로는 기본적인 의사소통이 제대로 이루어지지 않는다. 메시지를 보내면 받는 사람이 있고, 이에 대한 적절한 반응, 정보 전달이나 의사 표현이 그 뒤를 이어 나타나게 마련이다.

인터넷의 이러한 기능은 사실 우리 삶에 많은 편리함을 주고 있고, 그 영향력도 크다고 할 수 있다. 특히 우리나라는 인터넷 사용률이 매우 높은 편에 속하기 때문에 삶의 여러 분야에서 인터넷의 위력을 실감하게 된다.

(단위: %, 천명)

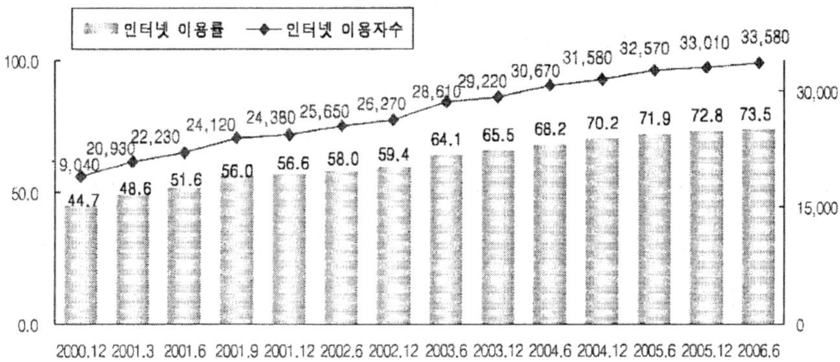

〈그림 1〉 인터넷 이용률 및 이용자수 변화 추이
(한국인터넷진흥원, 2006b: 19)

위의 통계에서 보듯이 2006년 6월 현재 국내 인터넷 이용률은 73.5%이며, 인터넷 이용자수도 꾸준히 증가하고 있다. 이러한 수치는 인터넷과 컴퓨터의 사용이 이미 대중화, 보편화되었음을 보여준다. 요즘은 어느 곳을 가도 컴퓨터가 없는 곳이 없고 인터넷 검색을 손쉽게 할 수 있다. 너무 가깝고 흔해지면 우리는 그것의 가치와 중요성을 망각하기 쉽다. 그러나 위에서 언급한 인터넷의 기본 정신을 다시 한번 마음에 새기고 서로가 서로를 배려하고 자신이 가진 정보나 지식을 나누는 수단으로써 인터넷을 대한다면 인터넷으로 인한 폐해는 최소화되고 그 사용으로 인한 풍요로움과 편리함은 배가될 것이다.

2. 하이퍼텍스트의 개념과 특징

2-1. 하이퍼텍스트의 개념

하이퍼텍스트라는 용어는 '초월하다' 혹은 '넘어서다'라는 뜻의 'hyper'와 'text'라는 단어가 결합되어 이루어진 것으로,(엘지커뮤니카토피아연구소, 1999: 290) 망구조로 형성되어 있는 텍스트를 말한다. 따라서 하이퍼텍스트는 텍스트와 텍스트가 서로 연결되어 있고 쉽게 넘나들 수 있도록 되어 있다.[8] 다시 말해서 하이퍼텍스트는 "정보를 저장하는 기본단위"(황용석, 1998: 26)인 노드(node)가 연결되어 커다란 텍스트를 이룬 것으로 문자 텍스트만이 아니라 소리, 사진, 그래픽 등으로 구성된 텍스트들까지도 포함하기 때문에 기존 인쇄물과는 많은 차이를 보인다. 여기서 하이퍼텍스트 파일 형식에 대해 살펴보면 다음과 같다.

〈표 1〉 하이퍼텍스트의 다양한 파일 형식

구분	텍스트	비디오	오디오
내용	· 철자 · 단어 · 문장 · 문단	· 프레임 · 부분(segments)	· 음조의 변화 · 음량의 변화
조직	· 고정적 · 어플리케이션에 따라 다를 수 있음	· 시간적(사건) · 공간적(장소)	· 시간적(사건)
의미	· 단어와 그 맥락에서 결정됨	· 정적 이미지 · 동작(맥락)에서	· 시간(맥락)적 변화
파일 크기	각 철자 당 1byte	1초 당 11MB	1초 당 10K에서 75KB
앵커	· 핵심 단어 · 버튼 · 특정 텍스트	· 핵심 단어 · 정적, 동적 버튼 · Micon(moving icons) · 이미지 내의 특정 영역	· 핵심 단어 · 정적, 동적 버튼 · 사운드를 위한 동적인 내용물

(Picher et al., 1991: 45; 정지영, 1998: 620에서 재인용)

앞에서 언급하였듯이 하나의 노드에는 문장뿐 아니라 비디오, 그래픽, 오디오 형식을 가진 텍스트들이 포함될 수 있기 때문에, 그 크기도 "몇 개의 낱말로만 된 것에서부터 책 몇 권의 분량에 이르기까지 다양하다."(임천택, 2002a: 35) 그리고 이 노드를 연결해 주는 것을 링크(link)라고 한다. 따라서 하이퍼텍스트는 "노드들이 링크로 연결되어 네트워크 구조를 가지는 언어적, 비언어적 텍스트의 총체"(임천택, 2002a: 36)로 정의할 수 있다. 그러므로 하이퍼텍스트는 문자뿐 아니라 소리나 사진과 같은 비언어적 텍스트까지도 전달이 가능한 새로운 텍스트 형식이라고 할 수 있다.

이러한 하이퍼텍스트의 기원은 1945년으로 거슬러 올라간다. Bush는 'As We May Think'라는 글에서 "개인이 자신의 책, 기록물, 커뮤니케이션을 저장해 두고 빠른 속도로 그리고 자유자재로 그것을 찾아볼 수 있도록 기계화되어 있는 장치"(이재현, 2005: 89)인 Memex(memory extender)라는 시스템에 대해 언급한다. Bush가 이 글에서 말한 자료, 기록물, 커뮤니케이션 등을 저장했다가 필요에 따라 다시 찾아볼 수 있는 장치라는 개념이 바로 하이퍼텍스트와 일맥상통하는 것이다. 그 후 1965년에 Nelson이 이 개념을 이어받아 하이퍼텍스트라는 용어를 처음으로 사용하여 오늘에 이른 것으로 보인다.(이재현, 2005: 91) 그 외에도 하이퍼텍스트와 관련된 중요 사건들을 연도별로 살펴보면 다음과 같다.

하이퍼텍스트 연표

연도	항목
1945	부시, Memex 제안
1965	넬슨, 'hypertext'라는 용어 고안
1967	브라운대 앤디 반 담(Andy van Dam), 하이퍼텍스트 편집 시스템(Hypertext Editing System) 및 FRESS 개발
1968	엥겔바트, 학술대회(FJCC)에서 NSL 시스템 공개 시연
1975	카네기멜론대, ZOG(현 KMS) 개발
1978	MIT Architecture Machine Group의 앤디 리프만(Andy Lippman), 최초의 하이퍼미디어 비디오 디스크 Aspen Movie Map 개발
1984	Telos로부터 매킨토시용 초보적 하이퍼미디어 데이터베이스

Filevision 개발

1985 자넷 워커(Janet Walker), Symbolics Document Examiner 개발

브라운대 노만 메이로위츠(Norman Meyrowitz), Intermedia 개발

1986 OWL사, 최초의 범용 하이퍼텍스트 시스템 Guide 도입

1987 Apple사, 빌 앳킨슨(Bill Atkinson)이 개발한 HyperCard 도입

노스캐롤라이나에서 Hypertext '87 워크숍 개최

1991 CERN의 버너스-리가 개발한 월드와이드웹, 최초의 전세계적 하이퍼텍스트가 됨

1992 뉴욕타임스 북리뷰, 하이퍼텍스트 소설 기사화

1993 미국 NCSA(National Center for Supercomputing Applications), 모자익 발표

최초의 하이퍼미디어 장편 피쳐영화 <A Hard Day's Night> 제작

하이퍼미디어 백과사전, 판매량에서 인쇄물을 앞섬

(Nielsen, 1995: 34; 이재현, 2005: 92에서 재인용)

그리고 하이퍼텍스트는 노드의 수와 위치 선택에 따라 다양한 구조를 지니는데 그 중 몇 가지를 살펴보면 다음과 같다.(정지영, 1998: 64-66) 먼저 선형적 형태의 경우를 그림으로 제시한다.

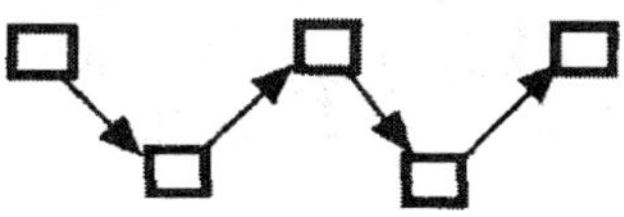

〈그림 2〉 선형적 형태의 구조

(정지영, 1998: 64)

이 선형적 형태는 하이퍼텍스트 구조 중에서 가장 단순한 것으로, "노드들이 각기 母 노드(parent node)와 子 노드(child node)로 연결"(정지영, 1998: 64)되는 경우를 말한다. 또한 하이퍼텍스트가 군집 형태를 띠는 경우도 있는데 이를 살펴보면 다음과 같다.

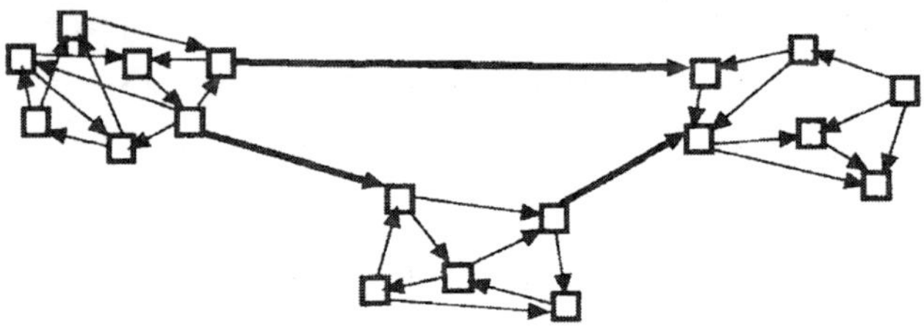

〈그림 3〉 군집 형태의 구조
(정지영, 1998: 66)

이 하이퍼텍스트의 구조는 "노드 여러 개가 서로 긴밀하게 상호연결되어 형성된 군집이 다시 여러 개 모인 형태"(정지영, 1998: 66)를 말하며, 앞서 소개한 선형적 형태보다는 복잡한 구조임을 알 수 있다. 그리고 "구조적 형태에 관한 고려 없이 노드간을 서로 연결"(정지영, 1998: 66)한 무정형적 구조의 경우는 다음과 같이 나타낼 수 있다.

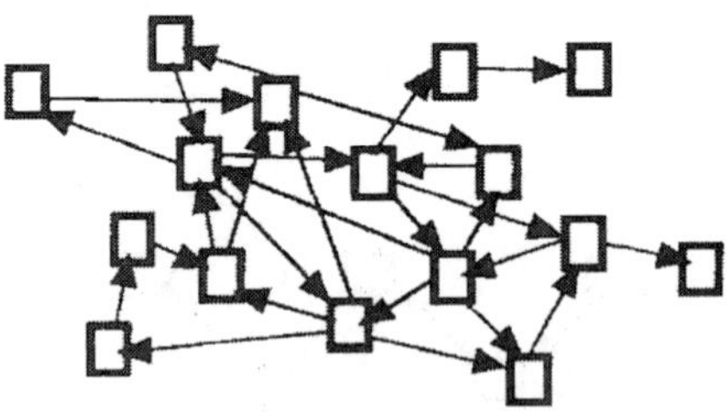

〈그림 4〉 무정형적 형태의 구조
(정지영, 1998: 66)

한 사람의 작은 생각으로 시작된 하이퍼텍스트 개념들은 여러 사람의 고안과 관심 속에서 많은 발전을 거듭해 왔고, 이제는 새로운 정보 전달의 텍스트로 다양한 분야에서 사용되고 있다. 어떤 새로운 개념이나 그 성과물들이 세상에 빛을 보기 위해서는 먼저 그것을 마음에 품는 것이 중요하다. 그리고 그 생각을 이루기 위한 끊임없는 연구와 시도 그리고 노력 속에서 마침내 현실화된다. 인터넷 상에서 손쉽게 사용하고 있는 하이퍼텍스트 역시 많은 사람의 노력과 땀의 결실로 이루어진 결과이며, 우리는 이를 통해 많은 정보를 얻고 그 혜택을 누리고 있다. 다음에는 하이퍼텍스트의 특성에 대해 자세히 알아본다.

2-2. 하이퍼텍스트의 특징

앞에서는 하이퍼텍스트의 개념과 그 구조 및 역사에 대해 살펴보았다. 이러한 내용을 토대로 생각해볼 때에 하이퍼텍스트는 무엇보다 링크화 되어 있다는 것이 기존 텍스트와의 가장 큰 차이점이다. 그런데 링크되어 있다는 말은 결국 독자가 모든 텍스트를 읽거나 훑어보지 않고서도 자신의 의도와 목적에 따라 텍스트를 이리저리 넘나들거나 뛰어넘는 것이 가능하다는 것이고, 이로 인하여 텍스트를 대하는 방식이나 편집 방식에 큰 변화가 생기게 된다.

Fowler는 하이퍼텍스트가 "① 적극적인 독자를 전제로 하고 ② 유동적, 중층적이지 고정되거나 단일하지 않으며 ③ 시작이나 종결, 중심과 주변, 안과 바깥이 없다. 그리고 ④ 다중심적이고 한없이 재중심화 할 수 있으며 ⑤ 망을 이루는 텍스트이고 ⑥ 협동적이며 ⑦ 반위계적이고 민주적"(라도삼, 1997: 138에서 재인용)이라고 주장하였다.

그리고 일반적으로 하이퍼텍스트의 성격이나 특성을 알아보기 위해서 가장 많이 비교되는 것은 인쇄된 텍스트이다. 왜냐하면 우리는 이미 인쇄된 문서 텍스트에 익숙해 있고, 이를 오랜 시간 사용되어 왔으므로 하이퍼텍스트를 이와 비교해 보려는 경향이 있기 때문이다. 따라서 종이와 하이퍼텍스트를 비교해 보면 하이퍼텍스트의 특성에 대한 이해가 보다 쉽게 이루어질 수 있을 것이다.

〈표 2〉 종이와 비교해 본 하이퍼텍스트의 장 · 단점

	장점	단점
종이와 비교해서	· 움직이는 이미지, 애니메이션, 필름을 보여줄 수 있음	· 현재 디스플레이 수준에서는 해독 속도가 30% 떨어짐
	· 업데이트 용이함-변화된 내용을 자동적으로 다운로드 할 수 있음	· 그래픽 해상도가 낮음
	· 네트워크를 통해 전송할 수 있음	· 시스템을 배우고 컴퓨터를 설정하는 데 비용이 요구됨
	· 복사본을 만드는 것이 용이함	· 이용자 인터페이스 표준이 없음
	· 물리적인 저장 공간이 덜 요구됨	· 데이터 전송 표준이 없음
	· 많은 사람들이 공유할 수 있음	· 정해진 출판 채널, 책방, 도서관, ISBN 등이 없음
	· 이용자 지향적 해독	· '낭만'이 없음-초판, 가죽제본 등
	· 잠재적으로, 전 세계의 문헌자료가 한번의 클릭으로 가능함	· 컴퓨터 텍스트가 '동질화'됨

(이재현, 2005: 87)

위의 표에서 보는 바와 같이 하이퍼텍스트는 움직이는 이미지나 사진 등을 보여줄 수 있고 내용 수정이 용이한 것 등이 큰 장점이다. 그러나 종이에 비해 읽을 때 속도가 느린 점이나 직접 손으로 만지며 책장을 넘기는 것과 같은 감각을 느끼기 어려운 점은 다소 불편한 점이라 할 것이다. 그럼에도 불구하고 하이퍼텍스트는 기존 텍스트 형식이 지니지 못한 많은 장점과 특성을 가지고 있는 것 또한 사실이다. 이러한 내용을 바탕으로 하이퍼텍스트의 특징에 대해 좀 더 살펴보면 다음과 같다.

첫째, 하이퍼텍스트는 비선형적이다. 하이퍼텍스트는 텍스트를 여러 개의 작은 단위로 구분하여 이를 다시 연결하는 구조로 되어있으므로 어디에서 끝날지 알 수 없다. 또한 어디에서 시작할 것인가도 정보를 구하는 개인의 결정에 달려있다. 따라서 방대한 양의 텍스트가 작은 덩어리들로 나뉘어져 계속 연결될 수 있으며, 필요, 관심, 목적에 따라 충분히 취사선택하는 것이 가능하다.

둘째, 하이퍼텍스트는 상호작용적 성격이 강하다. 하이퍼텍스트 연결망은 텍스트의 추가와 삭제, 편집 등이 가능하게 되어 있다. 따라서 텍스트를 검색하던 독자도 자신의 의견이나 나누고 싶은 정보를 올릴 수 있기 때문에 텍스트 게재자와 상호작용을 할 수 있다. 따라서 하이퍼텍스트 이용 독자에게는 보다 적극적인 참여가 요구된다.

셋째, 하이퍼텍스트는 고정적이지 않고 가변적이다. 앞서 언급하였듯이, 텍스트가 고정적이지 않고 경우와 필요에 따라 가감이 가능하기 때문에 얼마든지 새롭게 수정, 보완될 수 있다. 따라서 인쇄물처럼 한

번 출판되면 불변하던 텍스트의 형식을 취하지 않고 끊임없이 새롭게 갱신될 수 있는 장점이 있다.

넷째, 하이퍼텍스트는 탈중심적인 성향을 지닌다. 하이퍼텍스트는 그 성격상 이용자의 취향과 기호, 목적에 따라 찾고자 하는 자료와 주제가 달라질 수 있기 때문에 텍스트에 대한 선택과 시작점이 다양할 수밖에 없다. 따라서 어느 한 곳을 시작점이나 종착점이라고 주장할 수 없는 것이 특징이다.

다섯째, 하이퍼텍스트는 개방적인 텍스트이다. 하이퍼텍스트는 내용을 검색할 수 있는 환경만 갖추어져 있다면 원하는 독자 누구에게든지 텍스트를 접할 수 있도록 해 놓은 것이 또 하나의 장점이다. 시간과 공간의 경계를 넘어서 독자의 의사대로 정보에 접할 수 있다는 것은 정보 공유와 전달에 있어서 획기적인 변화가 아닐 수 없다.

여섯째, 인쇄된 텍스트는 필자가 고정적이며 일부 계층만이 참여할 수 있는 매우 제한적인 성향이 강하지만 하이퍼텍스트에서는 누구든지 자신의 의견을 주장하거나 정보를 제공하는 것이 가능하기 때문에 필자의 폭이 넓어지게 되었으며, 독자도 필자가 될 수 있는 가능성이 열려있다. 따라서 하이퍼텍스트는 기존 텍스트와는 달리 독자와 필자의 경계를 짓기가 힘들고 필자가 곧 독자이며 독자가 곧 필자가 되는 이른바 작·독자 시대를 열어주었다.

일곱째, 하이퍼텍스트는 다감각을 사용한 의사전달을 확대시켰다. 주지하다시피 하이퍼텍스트는 단순히 문자만으로 구성된 것이 아니라 소리나 사진과 같은 텍스트까지 포함한다. 따라서 정보의 이해와 의사소통적 측면에서 문자 위주의 이해와 전달을 넘어서 다양한 감각을 통한 교류를 가능하게 해준다.

시대의 흐름과 함께 인류는 더 많은 것을 소유하고 누리게 되었다. 하이퍼텍스트의 실용화로 이제 정보의 전달과 교류는 그 어느 때보다 빨라지고 있다. 그리고 교육적 관점에서 볼 때에, 하이퍼텍스트는 교육의 방향과 관점 변화의 촉매제가 되기도 한다. 특히 구성주의적 시각을 바탕으로 할 때에 하이퍼텍스트는 학습자의 개성과 창조성 개발에 긍정적인 도구로 사용될 가능성이 높다. 이에 대해서는 다음에서 자세히 알아보기로 한다.

2-3. 구성주의적 교육관과 하이퍼텍스트

객관주의적 관점을 반영한 교육은 잘 짜여진 교육과정과 정형화된 수업을 통해 이미 마련된 지식을 제대로 전달하기만 한다면 학습자들이 이를 수용하고 이해해 나가는 데에 별다른 문제점이 없을 것으로 여겼고 이러한 과정을 통한 교수학습이 가장 바람직한 방향이 될 것이라고 믿었다. 그러나 이제 교육 현장은 시대적 변화의 바람을 타고 구성주의적 관점을 반영한 교육으로 변모하고 있다. 교육적 관점에서의 구성주의는 절대적인 진리나 지식보다는 개인의 필요나 요구 등과 깊이 관련되어 있는 지식의 획득과 그 활용에 관심이 높다. 또한 지식을 이해하고 학습자 개인의 것으로 소화해내는 개별적이고 특별한 환경이나 맥락까지도 중요시 여기는 태도를 취한다.

〈표 3〉 객관주의와 구성주의

	객관주의	구성주의
지식의 정의	고정되어 있고 확인될 수 있는 존재	개인의 사회적 경험에 바탕한 지식의 구성
최종 목표	진리 추구	적합성 · 타당성(viability)
교육 목표	진리와 일치되는 지식 습득	개인의 지식 구성의 사회적 적합성과 융화성
주요 용어	발견	창조와 구성
지식의 특성	초역사적, 우주적, 초공간적	상황적, 사회 · 문화 · 역사적
현실의 특성	규칙과 방법으로 규명될 수 있고 통제와 예언이 가능	불확실성, 복잡성, 독특성, 가치 간의 충돌

(강인애, 1995: 4)

위의 표에서 보듯이 구성주의적 관점의 교육은 이전 세대에 쌓아놓은 결과물이나 정형화된 지식을 그대로 답습해 나가는 것을 의미하지 않는다. 한 개인은 현실과 상황에 바탕을 두고 관계와 활동을 통해 지식을 구성해 나가며 교육에서는 이를 이루어나가는 과정의 다양성과 중요성을 인정한다. 그러므로 학습자는 교수-학습에서의 참여적, 능동적, 역동적인 주체로서 부각되며 아래와 같은 학습 원리를 바탕으로 한 교육을 장려한다.(Fosnot 1996; Savery & Duffy 1996; Duffy & Cunningham 1996; 조영남, 1998: 100-101에서 재인용)

· 학습은 발달의 결과가 아니라 학습이 곧 발달이다.
· 불균형이 학습을 촉진한다.

- 반성적 추상이 학습의 원동력이다.
- 학습은 원래 사회적, 대화적 활동이다.
- 학습은 구조의 발전을 지향한다.
- 학습은 상황에 기초하여 일어난다.
- 학습은 구성적, 능동적 과정이다.
- 학습은 도구와 상징을 통해 촉진된다.
- 인간의 궁극적인 성취는 앎의 방법을 아는 것이다.

따라서 구성주의적 교육관은 보다 실제적이고 맥락적이며 학습자 중심적인 교육을 지향하고, 학습 활동에서의 상호작용과 자기 평가 및 수행 평가를 중시한다. 아울러 이러한 관점을 반영한 수업은 다음과 같은 부분을 고려하여 진행되어야 한다.(Dunlap & Grabinger 1996; Grabinger 1996; Lebow 1993; Driscoll 1994; Savery & Duffy 1996; Honebein 1996; Duffy & Cunningham 1996, 강인애 1997; 조영남, 1998: 101-104에서 재인용)

- 학습에 대한 책무성과 주인의식 및 자율성 강화하라.
- 참과제를 설계하여, 유의미한 맥락 속에서 학습이 이루어질 수 있도록 하라.
- 고등수준의 지식 구성에 역동적으로 참여하도록 하라.
- 협동학습을 통해 사회적 상호작용을 촉진하라.
- 비위협적이고 안전한 학습환경을 제공하라.
- 학습내용과 학습의 과정 및 성과에 대해 스스로 반성하도록 고무하라.
- 다양한 관점들을 경험하고 평가할 수 있는 기회를 제공하라.
- 다양한 표현 양식을 활용하도록 고무하라.
- 실제 수업의 맥락에서 학생들의 학습을 평가하라.

결국 구성주의적 교육관은 현실과 밀접한 연관을 가지는 상황 속에서 학습자가 스스로 탐구하며 찾아가는 과정을 통해 지식을 획득하고 활용하는 능력을 형성해 간다고 보는 것이다. 따라서 학습과 맥락과의 관련성이 높으며 적극적인 참여와 역동성을 바탕으로 하는 다양성과 창의성을 살린 교육을 중시한다.

〈표 4〉 탐구에 대한 전통적 견해와 구성주의 견해

전통적 견해	구성주의적 견해
명제의 진과 위는 자연 그대로의 세계에서 실증적으로 검증을 통해 밝혀진다.	명제의 진과 위는 명제와 관련된 것에 대한 서로 다른 구성을 하는 전문가에 의해 판단된다.
세상에 존재하는 모든 것은 측정이 가능하다. 측정이 가능하지 않은 것은 존재한다고 할 수 없다.	사물에 대한 구성적 인식은 측정 가능하지 않다. 만일 측정이 가능하더라도 보조적 기능에 지나지 않는 측정이다.
사실은 자연세계에 대한 탐구가 이루어지지 않은 이론에 의존하지 않는다.	사실은 이론 및 가치 지향적으로 설명된다. 이론과 가치의 틀을 벗어난 실[*sic*]은 의미를 상실한다.
모든 관찰의 결과는 원인을 가지며 원인은 결과를 동반한다.	모든 관찰된 행위는 많은 수의 사람들의 상호보완적이고 동시발생적인 세계관으로서 즉각적으로 설명되어진다. 이들 세계관들 중에서 오직 소수만이 특정 목적을 위해 선택되어진다.
과학적으로 고안된 문제해결책은 많은 분야에서 응용되어진다.	재구성에 의해 고안된 문제해결책은 지엽적이고 임시적으로 응용될 뿐이다.

(Guba & Lincoln 1989; 윤승금, 1999: 245에서 재인용)

앞에서 언급하였듯이 구성주의에서는 교사가 준비한 내용을 제시하고 학습자가 그것을 무턱대로 받아들이는 방식이 아니라, 지식을 접하고 탐색하고 시도하는 다양한 과정을 거쳐 새롭게 받아들이고 이해하는 양상이 부각되므로 자연히 탐구의 의미와 가치도 달라질 수밖에 없다. 결국 구성주의에서의 탐구가 지니는 목적은 “연합적이며 복합적인 의미를 구성하기 위한 학습상황을 이해하고 학습자들 사이의 서로 다른 견해를 나누는 것이다”.(윤승금, 1999: 244)

이러한 구성주의적 교육관이 점차 긍정적인 것으로 받아들여지면서 다양한 학습 자료의 활용도 크게 부각되고 있다. 특히 하이퍼텍스트는 그 성격상 다양한 맥락과 실제성 있는 내용을 교육 자료로 제공한다는 점에서 큰 장점을 지닌다. 우선 하이퍼텍스트의 비선형성은 학습자 개인의 주도적인 선택과 학습을 실현하는 것을 가능하게 해준다. 또한 하이퍼텍스트의 상호작용성으로 말미암아 학습자-학습자 간 혹은 교사-학습자 간의 의사소통이 기존 매체를 통한 교육보다 원활해질 수 있다. 그리고 하이퍼텍스트의 가변성은 학습자로 하여금 다양성을 인정하고 수용하게 한다. 아울러 하이퍼텍스트의 방대한 정보 양은 학습자의 정보 선택과 이해에 도움이 될 뿐 아니라, 학습자 스스로 선택한 지식과 정보의 활용 및 가치 판단 능력을 길러 나가는 데에 적합하다. 그러므로 하이퍼텍스트는 학습자에게 보다 능동적이고 자기 주도적인 학습의 자료를 제공하는 보고가 될 수 있다. 아울러 하이퍼텍스트는 제2언어 교수에서 학습자의 동기를 불러일으키고 학습자들을 수업에 보다 적극적으로 참여하게 하는 자료로써 활용될 수 있다.

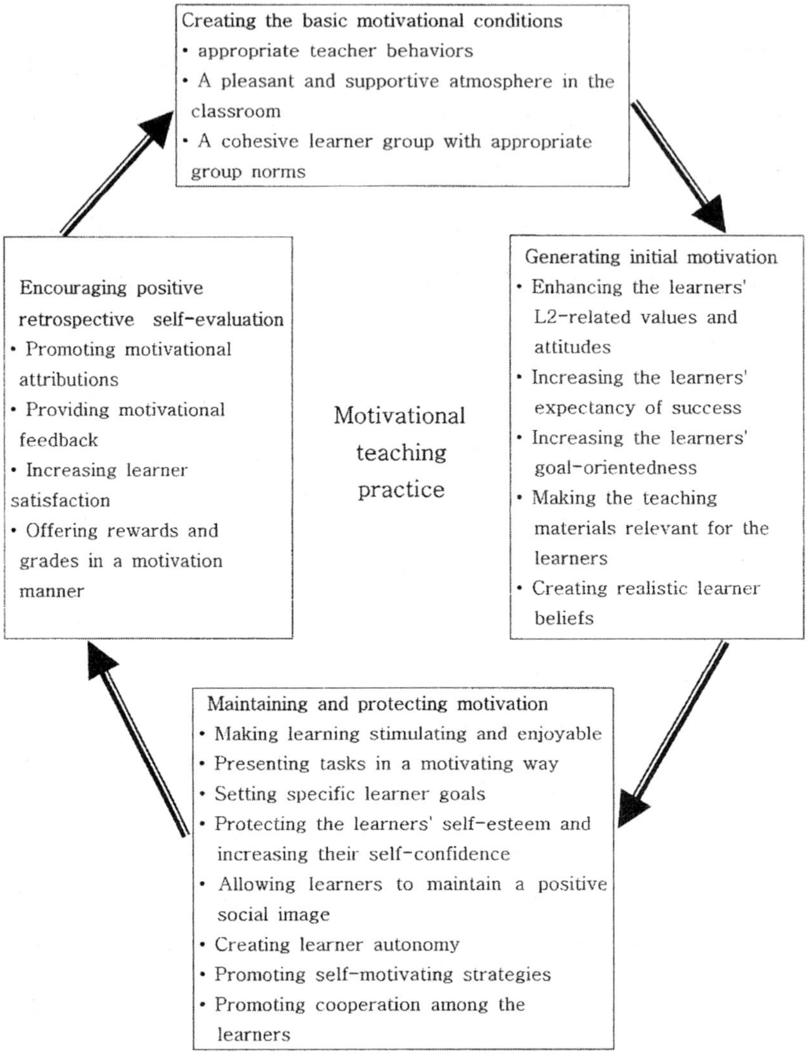

〈그림 5〉 제2언어 수업에서 동기를 유발시키는 교수의 구성요소
(Dornyei 2001: 29; 박혜진, 2004: 190에서 재인용)

위의 그림에서 보듯이 학습자의 동기는 제2언어 교수학습 현장에서

매우 중요한 요소로 작용한다. 교사는 학습자들이 수업 시간이 즐겁고 참여할 만하며, 유익하다는 느낌을 가질 수 있도록 배려해야 한다. 또한 제시되는 자료나 여러 활동이 학습자의 수준에 맞고 참여적인 성격을 띠는 것이어야 한다. 특히 학습자의 자발적인 참여와 활동을 위해서는 하이퍼텍스트와 같이 상호작용적인 성격이 강한 내용이나 자료를 사용하는 것이 큰 효과를 가져올 수 있을 것으로 생각된다. 이러한 관점에서 생각해 볼 때에 한국어 교육 분야에서도 하이퍼텍스트 자료를 수업에 보다 많이 활용하여 학습자 스스로가 주인 의식을 가지고 학습 내용을 접하고 익히도록 해주어야 한다.

2장

정보사회와 교육

1. 정보사회의 특성
2. 정보사회에 따른 교육의 변화

제2장 정보사회와 교육

1. 정보사회의 특성

'생각하는 동물'인 인간은 더 나은 내일, 더 발전된 미래를 향한 엄청난 내재적 에너지를 가진 존재이다. 자신과 주변 사람들의 생존을 위해 고기를 잡고 양식을 기르며 옷을 짓던 시대에서 더 편리한 기계를 만들어 대량 생산을 꿈꾸더니 이제는 고도화된 지식을 바탕으로 한 사회를 만들어 나가고 있다. 이른바 농업사회에서 산업사회로 다시 산업사회에서 정보사회로의 끊임없는 발전과 성숙의 단계로 인류사회는 변화되어 가고 있다. Tehranian(1987: 88)은 산업시대를 중심으로 하여 그 전·후 시대의 특성에 대해 다음과 같이 제시하였다.(신윤식 외, 1992: 43에서 재인용)

〈표 5〉 후기산업사회와 그 전후사회와의 비교

양식	산업화이전시대	산업시대	후기산업시대
생산 양식	추출	제작	프로세싱과 리사이클링
산업 구분	**1차 산업** 농업 광산업 어업 목재 석유, 가스	**2차 산업** 생산제품 내구제 비내구제 대형건설	**3차 산업** 운송 효용제 **4차 산업** 무역 금융 보험 동산 **5차 산업** 건강 연구 레크리에이션 교육 정보
동력원	천연동력: 바람, 물, 동물과 사람의 근력	만들어진 동력: 전기, 석유, 가스, 석탄, 원자력	정보: 컴퓨터 및 자료 전송 구조
전략적 자원	원재료	금융자본	지식
기술	기능	기계 기술	지능 기술
기술적 기초	장인, 농부, 수공업자	기술자, 반숙련 노동자	과학자, 기술자・전문직업인
방법론	상식, 실험과 실수, 경험	경험주의, 실험주의	추상적 이론: 모델, 시뮬레이션, 의사결정 이론, 체계분석
시간 관념	과거지향적	임기응변적 적응, 실험주의	미래지향적: 예측과 계획

기획	자연에 대한 게임	제작된 자연에 대한 게임	사람들 사이의 게임
기본 원칙	전통주의	경제성장	이론적 지식의 코드화

위의 표에서 보듯이 농업사회는 말 그대로 농업이 중심이 되어 많은 양식을 생산하고 보유하는 것이 중요시되던 시기이다. 그리고 산업사회에서는 기계화가 시작되면서 생산량이 증대되고 생산된 제품을 유통하고 재화를 축적하는 것이 부각되었던 시기이다. 이에 비해 정보사회는 정보의 유통과 전달, 이를 통한 새로운 지식과 가치의 생산으로 중심축이 옮겨진 시대이다. 따라서 정보사회에서는 정보의 전달과 이의 활용이 중요하기 때문에, 정보통신 기술의 발전에 박차를 가하게 되고 이와 관련된 산업이 번창하게 된다. 또한 이를 바탕으로 교육, 정치, 경제 등 사회 전반에 변화가 일어나게 되며 정보를 하나의 구심점으로 하는 사회로 변모하게 된다. 이러한 특성을 중심으로 생각해 볼 때에 정보사회[9])란 "사회경제활동의 중심이 재화의 생산에서 서비스나 정보, 지식의 생산으로 옮겨지는 사회"라고 할 수 있다.(신윤식 외, 1992: 34)

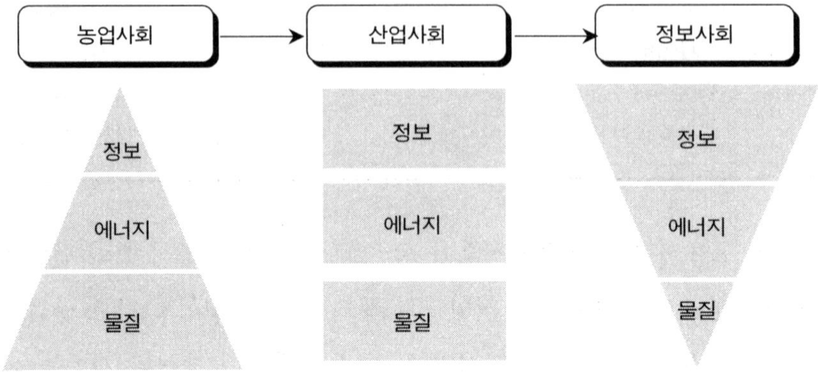

〈그림 6〉 정보 가치의 증대
(전석호, 1993: 25)

위의 그림에서 보듯이 정보사회는 다른 사회적 요소와 비교해 볼 때에 정보의 중요성이 크게 부각되며, 이를 바탕으로 한 가치 창조가 가장 큰 힘이 되는 사회라고 할 수 있다. 그렇다면 이러한 사회적 변화가 초래된 배경은 무엇일까.

괄목할 만한 변화나 성장 혹은 경쟁적인 사회 분위기와는 다소 거리가 먼 자급자족 시대에는 그저 기본적인 삶의 영위와 안녕으로도 인간의 삶이 어느 정도 유지되고 만족될 수 있었을 것이다. 그러나 인간 안에 깊이 내재되어 있는 변화와 성숙을 갈구하는 욕망은 더 발달된 문명을 추구하는 원동력으로 작용하였다. 그리하여 마침내 인쇄술을 발명해 내었고 이와 함께 산업 기술이 발달하면서 이전 시대에 비해 풍부한 생활을 누리는 것이 가능해졌다. 이러한 산업화로 대량 생산과 소비가 이루어지면서 인간의 관심은 또 다시 새로운 방향으로 전환되기 시작하였다. 즉, 단순한 생존의 수준을 넘어서서 자기 존재에 대한 가치 확인과 개성 추구, 자아 실현과 같은 욕구의 충족에 관심이 쏠리게 되었다.

그리고 산업사회의 발전이 초래한 사회적 문제들도 결국 정보사회를 앞당기는 결과를 가져왔다. 다시 말해서 산업사회의 도래로 대량생산이 가능해지면서 물질적인 풍요는 누리게 되었지만 이로 인한 부정적인 결과, 즉 에너지 고갈과 공해 문제 등이 해결 과제로 등장하게 되었다. 따라서 이를 해결하기 위해 정보기술을 이용하여 자원 활용의 효율성을 높이고 공해를 줄이고자 하는 시도가 계속되고 있고, 환경과 자연을 보호하는 것이 중요한 문제로 대두된 것이다. 이러한 사회적인 변화를 받아들이고 더 발전적인 미래를 가꾸고자 하는 노력들이 결국 정보사회로의 방향 전환을 가져오게 된 것이다. 增田米(1984: 38-39; 이무웅 외, 1994: 25에서 재인용)의 다음과 같은 주장은 우리 사회가 어떻게 정보사회로 변화되어 왔는가를 요약해서 보여주고 있다.

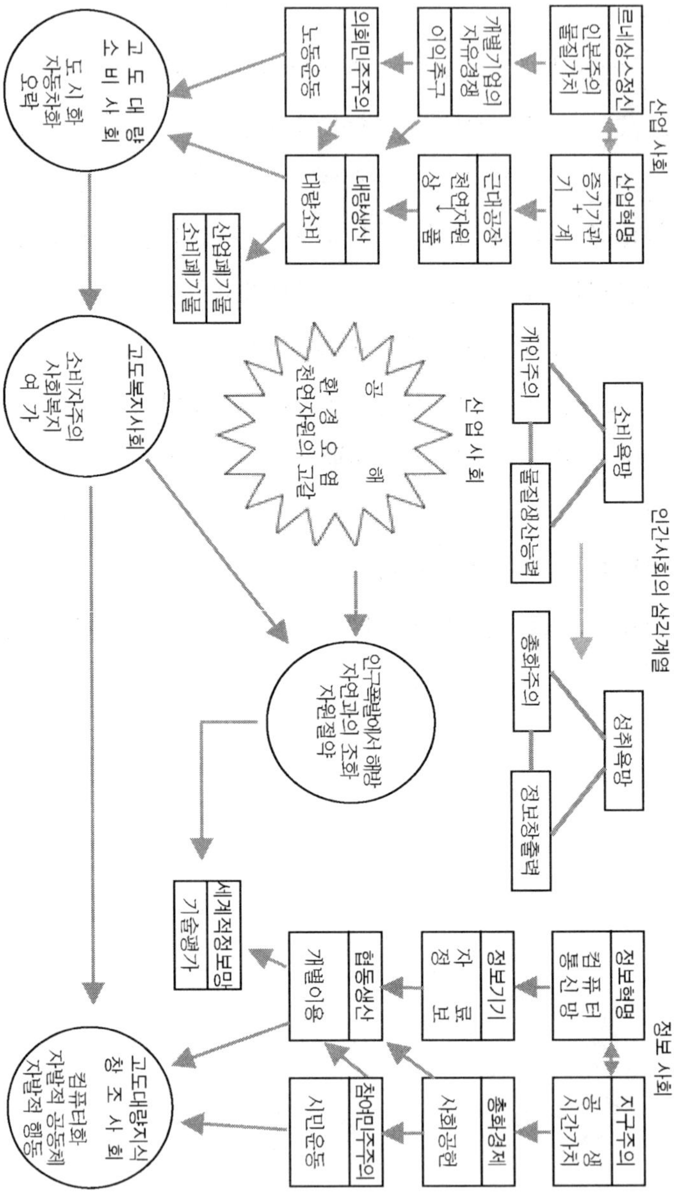

〈그림 7〉 산업사회에서 정보사회로의 이행과정

그리하여 이제 우리 사회는 “劃一化, 大量化, 集團化, 그리고 물질추구의 욕구 등에 점차 염증을 느껴 多樣化, 個性化, 分權化, 그리고 정신적 만족을 추구하려는”(신윤식 외, 1992: 28) 방향으로 나아가게 되었다.

앞에서 지적한 대로 우리 사회가 산업사회로의 모습을 갖추고 점차 안정적인 궤도에 들어서자 인간의 욕구와 심리는 이에 만족하지 않고 여기에서 한 차원 더 높은 단계로의 도약과 성숙을 갈망하게 된다. 따라서 우리 사회는 개인의 가치와 개성에 맞는 개별화, 다양화를 꿈꾸며 정보사회로 한 걸음 더 다가서게 된 것이다. 이러한 사회의 커다란 변화는 어느 부분에 더 많은 가치를 두느냐에 따라 달라지는 것이다. 이와 관련하여 Naisbitt(1982)는 오늘날 사회의 변화가 다음과 같은 경향을 보이고 있다고 주장하고 있는데, 결국 이러한 견해도 앞으로의 사회에서 정보와 지식의 융합과 창출이 얼마나 중요한 것인가를 잘 나타내준다.(신윤식 외 1992: 39에서 재인용)

- 産業社會에서 情報社會로: 우리는 현재 정보의 생산과 분배에 기초를 둔 정보사회에 살고 있다. 즉 이미 정보의 가치가 노동과 자본의 가치만큼이나 중요한 역할을 하는 사회에 살고 있는 것이다. 정도와 느낌의 차이는 있겠지만 정보의 역할이 증대되고 있다고 본다.
- 人爲的 技術社會에서 高度技術社會로: 인간의 반응이 수반되는 새로운 기술, 즉 하이테크/하이터치(고도기술/고도균형감각)의 두 가지 방향으로 사회는 움직이고 있다. 스피드 면에서 도저히 그 속도를 조절하거나 통제하기 힘든 상태로 기술이 고도로 발달하고 있으며, 이러한 기술은 인간의 기능과 유사한 속성을 띠며 그에 따른 영향을 즉각적으로 인간이 받으며 살고 있다는 것

이다.

· 國家經濟體制에서 世界經濟體制로: 고립적이고 자족적인 국가경제체제를 벗어나 세계 경제체제의 일환으로 존재함을 인정해야 한다는 것이다. 이른바 세계의 모습은 경제적으로 완전한 고립, 독립을 허용치 않으며 세계시장의 차원에서 시장의 논리와 규칙을 형성하여 적용해간다는 것이다.

· 短期政策에서 長期政策으로: 단기적 대안으로서의 정책사회에서 장기적 비전정책을 수행하는 사회로 재편되고 있다. 즉 이제는 단기적 처방으로는 어떤 사회적·경제적 문제도 해결될 수 없으며 장기적 측면에서 해결책을 찾지 않으면 안 되는 상황이 전개되고 있다는 것이다.

· 中央集權體制에서 地方分權體制로: 소규모 가구, 하부기구 등이 변혁적으로 활동하고 훌륭한 성과를 가져오는 상향식 사회로 진입하고 있다. 분권화가 중앙집권체제보다 오히려 효과적인 양상을 띠게 되었다는 것이다. 이는 사회가 보다 다원화되고 복잡하게 되어 단순한 집권체제로는 효율성을 보장받을 수 없게 되었다는 것이다.

· 制度的 福祉社會에서 自助社會로: 우리 생활의 모든 분야는 제도적 보호대상에서 自助·自力의 방향으로 진전되고 있다. 즉 필요한 조치를 스스로 선택하여 스스로 행하는 방향으로 사회복지의 개념이 바뀌고 있다는 것이다.

· 代議民主主義에서 參與民主主義로: 오늘날 대의민주주의체제는 이미 낡은 제도가 되었으며 전국민이 정보를 동시에 공유하고 참여하는 참여민주주의 시대에 돌입했다. 예전에는 제도적으로나 기술적으로 참여민주주의가 불가능했으나 이제는 과학기술의 발달로 가능한 시대로 접어들고 있다는 것이다.

· 位階體制에서 네트워크體制로: 우리는 종적 위계체제를 포기하고 횡적인 비공식 네트워크체제로 나아가고 있다. 즉 종래의 획일적이고 일체적이던 체제로는 다원화된 사회에 대응할 수 없

게 되었다. 보다 협력적 차원에서 형성된 체제가 아니고는 적절한 업무수행이 힘들어지고 있다는 것이다.

- 北의 時代에서 南의 時代로: 많은 미국인들이 동북부의 낡은 산업도시를 떠나 남서부지역으로 생활근거를 옮기고 있다. 이는 단순히 미국인의 인구이동 개념이 아니라 기존의 도시인구들이 점차 교외로, 멀리는 산업화의 폐해가 미치지 않는 지역까지 생활 근거를 옮기고 있다는 것이다. 이는 도시에 살지 않아도 정보를 취득하고 생활하는 데 아무런 지장이 없는 시대가 도래하고 있음을 의미한다.
- 兩者擇一社會에서 多元選擇社會로: 개인의 선택범위가 한정되어 있는 양자택일 사회에서 자유로운 다원선택이 가능한 사회로 전개되고 있다.

이러한 주장을 바탕으로 생각해 볼 때에 앞으로의 사회에서는 더 많은 지식을 소유하며 이를 활용하여 사람들의 필요와 요구에 부응하는 지식과 아이디어를 창출하고 제공하는 능력이 부각될 것이다. 그리고 Toffler(1990: 297-298)는 앞으로의 사회 변화에 대해 다음과 같이 언급하고 있다.(신윤식 외, 1992: 38-39에서 재인용)

- 새로운 부의 창출제제는 데이타[*sic*]·정보 및 지식의 교환에 보다 더 의존한다. 그것은 '超記號積的'이다. 지식의 교환 없이는 새로운 부가 창출되지 못한다.
- 새로운 체제에서는 대량생산을 탈피하여 탄력적 주문생산, 즉 탈대량화 생산으로 나아간다. 이 체제는 새로운 정보기술 덕분에 고도로 다양한 제품, 심지어 주문화 제품을 대량생산비용에 근접한 원가로 단기간에 생산할 수 있다.
- 종전의 생산요소(토지, 노동, 원료 및 자본)는 기호화된 지식이 이를 대체함에 따라 그 중요성이 감소한다.

· 금속화폐나 지폐 대신에 전자적 정보가 참다운 교환수단이 된다. 자본의 유동성이 극히 높아져 하룻밤 사이에 거액의 자본 풀(pool)을 만들었다가 분산시킬 수 있다. 오늘날 엄청난 資本集中化에도 불구하고 자본의 공급 원천수는 늘어난다.
· 재화 및 서비스는 모듈화하여 표준의 증식과 끊임없는 수정이 요구되는 시스템을 구성한다. 이로 인해 표준의 기초가 되는 정보를 장악하기 위한 경쟁이 일어난다.
· 움직임이 완만한 관료체제는 탈대량화한 소규모의 작업단위, 임시적 또는 '애드호크라시(Adhocracy)', 더욱 복잡해지는 기업협력체와 컨소시엄에 의해 대체된다. 位階體系는 의사결정을 신속히 하기 위해 평면화되거나 폐지된다. 지식의 관료적 조직화는 흐름이 자유로운 정보체제로 대체된다.
· 조직단위의 수와 다양성이 늘어난다. 이러한 단위들이 늘어나고 그들간의 업무처리가 많아질수록 보다 많은 정보가 생성되고 전달되어야 한다.
· 근로자의 상호교환성이 더욱 줄어든다. 과거에는 산업노동자가 소유하는 생산수단이 별로 없었다. 오늘날 가장 강력한 부의 증식도구는 근로자의 머리 속에 들어 있는 記號(symbol)이다. 그러므로 지금 근로자들은 '생산 수단' 중에서 극히 중요한, 그리고 때로는 대체할 수 없는 부분을 소유하고 있다.
· 이제 새로운 주역은 블루칼라 근로자도 자본가도 관리자도 아니며, 창의적 지식을 행동과 결합시키는 革新者(대규모 조직의 안팎에 있는)이다.
· 부의 창출은 폐기물이 다음 번 생산 사이클을 위한 투입물로 재생되는 하나의 순환과정이라고 보는 인식이 늘어나고 있다. 이 방법은 컴퓨터화한 모니터 체제와 더욱 심오한 차원의 과학적 · 환경적 지식을 전제로 한다.
· 산업혁명에 의해 분리되었던 생산자와 소비자가 부의 창출 사이클에서 재결합하여 고객은 비단 돈으로 기여할 뿐만 아니라

생산 공정에 필수적인 시장 및 설계상의 정보를 제공한다. 그 결과 구매자와 공급자가 정보 및 지식을 공유한다. 따라서 앞으로는 고객들이 단추를 눌러 원격지에 있는 생산공정을 작동시키게 될지도 모른다. 소비자와 생산자가 '生産消費者'로 융합되는 것이다.

· 새로운 부의 창출체제는 지역적이며 또한 세계적이다.

이러한 학자들의 주장은 이제 다양성과 지식을 기반으로 하는 사회가 도래되었음을 의미하며, 지식이 재화의 근원으로 작용하기 때문에 지식을 획득하고 이를 기반으로 새로운 것을 창출해 내는 사람을 길러내는 것의 중요성이 부각되는 시대가 온 것을 의미한다. Masuda(1980)의 다음과 같은 주장도 역시 이와 맥을 같이 한다고 볼 수 있다.

〈표 6〉 산업사회와 정보사회의 비교

구	분	산업사회	정보사회
혁신적기술	주축 기본 기능 생산력	증기기관(동력) 육체 노동의 보충, 확대 물질적 생산력(1인당 생산의 증대)	컴퓨터(기억, 계산, 통제) 정신 노동의 보충, 확대 정보생산력(최적행위-선택능력의 증대)
사회경제구조	생산물	효용성 있는 재화와 용역	정보, 기술, 지식
	생산 중심	근대공장(기계, 장비)	정보효용(정보망, 데이터뱅크)
	시장	신세계, 식민지, 소비자구매력	지식변경의 확대, 정보공간
	주도산업	제조업(기계공업, 화학공업)	지식산업(정보산업, 지식산업)

	산업구조	제 1, 2, 3차 산업	매트릭스 산업구조(제 1, 2, 3, 4차 산업)
	경제구조	소비재 경제(분업, 생산과 소비의 분리)	공동 경제(결합생산과 분배된 효용)
	사회경제적 원리	가격의 원리(수요와 공급의 균형)	목적의 원리
	사회경제적 주체	기업(사기업, 공기업, 제3부문)	자발적 공동체(지역적 · 정보적 공동체)
	사회경제 체제	자본의 사유, 자유경쟁, 이윤 극대화	하부구조 · 공동의 원칙, 사회이익의 우선
	사회형태	계급사회(권력집중, 계급 통제)	기능사회(다중핵, 기능, 자동화)
	국가목표	총체적 국민복지	총체적 국민만족
	정부형태	의회민주주의	참여민주주의
	사회변동력	노동운동, 파업	시민운동, 소송
	사회문제	실업, 전쟁, 파시즘	미래충격, 테러, 프라버시 [*sic*] 침해,
	최고진보 단계	고도 대중소비	고도 대중지식 창달
가치	가치기준	물질가치(심리사회학적 욕구의 충족)	시간가치(목적달성 욕구의 충족)
	윤리기준	근본적 인간권리, 인간성	자기원리, 사회배분
	시대정신	르네상스(인간해방)	지구주의(인간과 자연의 합일체)

(신윤식 외, 1992: 44에서 재인용)

이제 우리는 정보사회에 살고 있다. 이는 가치 기준을 비롯하여 우리 삶의 구석구석에까지 변화와 새로운 반응을 요구한다는 것을 의미하기도 한다. 특히 교육적 시각에서 볼 때에 정보사회라는 것은 이전 시대에 비해 많은 변화와 지혜로운 대응을 필요로 한다. 그렇다면 정보사회의 도래가 교육에 일으킨 변화는 무엇인가. 이에 대해서는 다음에서 구체적으로 알아보기로 한다.

2. 정보사회에 따른 교육의 변화[10)]

앞에서는 정보사회가 도래하게 된 시대적 배경과 그 특성에 대해 알아보았다. 21세기를 정보사회라고 일컫는 것은 정보의 중요성을 강조한 것이며 정보와 지식이 재산인 시대가 되었음을 의미하기도 한다. 이러한 지본주의 사회로의 전환이 이루어지게 된 바탕에는 기술적인 발전이 큰 역할을 했음을 누구도 부인할 수 없다.

〈표 7〉 아날로그 정보와 디지털 정보

Analog 정보	구분	Digital 정보
항상적, 고정적 Entity	존재방식	가변적 양식
물적, 양적 속성	속성	질적 가능성
소유지향적	소유-공유	공유, 변형 지향적

복제의 한계(원본≠복사본)	원복-복사본 구분	무한복제 가능 (원본=복사본)
높은 시공간적 예속성	시공간적 예속성	낮은 시공간적 예속성
맥락의존적 응용성, 재구성 불편	응용력, 번안 가능성	맥락의존적 재생산 용이
일인용, 일회용, 수명고정	수명	다수, 다년생으로서의 정보
지식정보의 윤회 불가능	윤회 가능성	지식정보의 윤회 무제한 가능

(유영만, 2000: 113)

위의 표에서 보듯이 기존의 아날로그 방식 정보는 고정적이고 상황의존적이었지만, 요즘의 디지털 방식의 정보는 변형 지향적이고 탈상황적이다. 이러한 정보 전달 기술의 발달이 결국 지식과 정보의 중요성을 더해 주고 있기 때문에, 교육에 대한 시각이나 그 적용과 방법에 있어서도 새로운 변화가 요구되고 있다. 그렇다면 디지털 정보를 이용하는 요즘의 교육에서 일어나고 있는 변화는 무엇이며, 이러한 새로운 양상과 변화가 교육적 시각에서 어떠한 의미를 지니는가에 대해 조명해 보는 것은 참으로 의미있는 일이 아닐 수 없다. 따라서 정보사회의 변화가 교육의 장에 가져온 변화는 무엇인지 짚어보고, 특별히 한국어 교육 분야에서 이를 어떻게 해석하고 접목시켜 나가야 할 것인가에 대해 살펴본다.

2-1. 새로운 의사소통 양상과 교육

컴퓨터와 인터넷의 출현은 인간 삶의 양식과 사고에 전환을 가져오는 데에 일조하고 있다. 컴퓨터 통신은 전세계를 동시에 연결하며, 그야말로 세계를 지구촌으로 더욱 가깝게 연결해 주고 있다. 여러 매체와 기술의 발전으로 인간의 의사소통이 단선적인 형태를 벗어나 양방향적이고 복합적인 특성을 띠는 새로운 방향으로 접어들었다. 규격화된 종이 위에 자신의 생각을 체계적이고 순차적으로 적어 나가던 표현형태는 이제 비순차적이고 복합적인 내용과 표현 형태를 띠는 공감각적, 무경계적, 개방적 방식의 의사소통으로 바뀌어 가고 있다. 기술의 발전으로 많은 정보가 하이퍼텍스트 형식을 빌려 전달되면서 인쇄 매체를 통한 의사소통과는 현격한 차이를 보이는 요즘의 의사소통 양상의 특성에 대해 김양은(2003: 2)은 다음과 같은 주장을 펴고 있다.

〈표 8〉 텍스트/하이퍼텍스트를 통해 본 의사소통의 변화

구분	텍스트	하이퍼텍스트
공간	1차 공간	3차원 공간
내용 구성	저자 중심	수용자 중심
수용자 역할	독자	생산자/ 탐색가
흐름	일련적/선형적	비일련적/ 비선형적
방향	일방향	쌍방향
상호작용성	지연탐색	거의 동시적 탐색
코드 구성	집합체	텍스트의 덩어리

위의 표에서 보듯이 하이퍼텍스트는 가상공간을 이용하여 전달되는 망구조의 비선형적 텍스트를 의미하는 것으로, 하이퍼텍스트의 등장

은 독자가 단순히 텍스트나 정보를 받아들이는 차원에서의 전달이 아니라 정보 수용자의 태도나 의견, 필요 등을 의식한 정보의 전달과 유통의 새로운 길을 열어 주었다. 다시 말하자면 필자와 독자의 의사소통과 상호작용이 활발히 일어남으로 말미암아 이제는 독자와 필자의 경계가 허물어지고, 보다 적극적으로 자신의 의사를 표현하고 넓고 무한한 사이버 세계에서 자신의 특성을 나타내는 독특한 표현법을 개발하고 강구하는 것이 중요한 시대가 된 것이다. 이에 대해서 성동규·라도삼(2000: 70-80)은 의사소통 패러다임의 변화라고 역설하면서 이와 관련된 몇 가지 변화에 대해 다음과 같이 지적하고 있다.

1) 물리적 시공간에서 가상의 네트워크로

가상공간을 통한 의사소통은 시간과 공간의 제약을 받지 않는다. 따라서 메시지 수신자는 자신에게 편리한 시간이나 공간을 이용해서 메시지를 전달받고 그에 대해 반응할 수 있기 때문에, 정보나 의사의 교환이 이전 방식에 비해 매우 자유롭고 편리해졌다. 이러한 변화는 수신자가 단순히 정보를 받아들이는 입장이 아니라, 선별적 선택 능력과 권리를 가지게 되는 것을 의미하기도 한다. 그뿐 아니라 수신자가 받은 정보나 메시지에 어떠한 반응을 보이게 됨으로 말미암아 이제 메시지 수신자는 단순한 수용자가 아니라 자신의 견해나 주장을 내세울 수 있는 위치에 설 수 있게 되었다.

2) 일방적 전달에서 상호작용적 과정으로

앞에서 언급하였듯이 이제 메시지 수신자는 단순히 주는 것을 받아들이고 이해하는 차원에 머물지 않는다. 가상공간에서는 누구나 자신의 목소리를 낼 수 있다. 따라서 메시지의 송신자와 수신자는 서로가 주고받은 내용을 통해 상호작용을 하게 되고 이를 통해 더 다양하고 유용한 메시지나 정보를 교환하는 것이 가능해졌다. 따라서 가상공간에서는 서로 같은 의견이나 주제에 관심이 있는 사람들끼리 새로운 공동체를 형성하기도 하고 나름대로의 독특한 문화를 구현해 내기도 한다.

3) 선형적 흐름에서 비선형적 하이퍼텍스트로

인터넷에 올리는 정보는 하이퍼텍스트 형식을 취하기 때문에 메시지 수신자는 자신의 의사 결정에 따라 여러 내용을 검색하고 자신의 필요와 목적, 취향에 맞는 내용을 선택할 수 있는 장점이 있다. 바로 다음과 같은 점에서 하이퍼텍스트는 일반 텍스트와 차이점이 있다고 할 수 있다.

〈표 9〉 하이퍼텍스트 체계

일반적인 텍스트 체계	하이퍼텍스트 체계
송신자 중심성	이용자 중심성
선형적 흐름	비선형적 흐름
맥락적	맥락의 상실
텍스트의 폐쇄성	텍스트의 개방성
물리적 한계	시공간의 파괴와 하이퍼 점프

(성동규 · 라도삼, 2000: 76)

위의 표에서 보듯이 하이퍼텍스트 방식의 의사소통 체계에서는 정보나 메시지를 선택하는 사람의 의도와 목적을 고려하지 않을 수 없다. 메시지 수신자는 자신이 원하는 것을 찾아보기 위해 얼마든지 이곳저곳을 항해하며 다닐 수 있음으로 말미암아 수신자의 마음에 들지 않는 내용은 얼마든지 지나쳐버릴 수 있기 때문이다. 따라서 수신자는 더 많은 권한과 선택을 누리게 되었다. 그러나 하이퍼 점프로 인해 때로는 자신이 찾아온 경로를 잃어버려 어려움을 겪는 경우가 생길 수도 있다.

4) 단일미디어에서 통합미디어로

이제 인터넷을 통한 의사소통은 단순히 정보의 전달과 교환에 있지 않다. 인터넷을 이용하여 음악 및 영화 감상, 의료, 교육, 상업적 거래 등도 가능해졌다. 따라서 인터넷은 이제 우리 삶의 구석구석까지 침투하여 신속함과 편리함을 제공하고 있다. 이렇게 다양한 활동이 인터넷을 통해 이루어지다 보니 단순한 문자 위주의 의사전달이 아닌 다양성과 공감각성을 띤 의사소통도 가능해졌고,(김영만, 2003a: 87) 인터넷의 기능이 여러 매체를 통합해 나가는 방향으로 흐르게 되었다.

5) 소비자에서 생산소비자로

앞에서 지적한 것처럼 기존 매체를 통한 정보 전달과 수용이 전달자 즉 송신자 중심의 의사전달이었던 것에 비해 인터넷을 통한 의사 및 정보 교환은 수신자와 송신자의 경계를 모호하게 하며, 수신자의 권한과 자유가 더욱 커지도록 해주고 있다.

그리고 인터넷을 통한 의사소통은 수신자에게 많은 정보를 제공해 주는 대신 그만큼의 적극성을 요구한다고 볼 수도 있다. 일단 정보 수신자는 송신자와 양방향적 의사소통을 할 때, 자신의 의견이나 반응을 보여야 하며 많은 정보 속에서 스스로 탐색하고 길을 찾고 판단하고 결정해야 하기 때문이다. 또한 수신자 자신의 의견을 피력하거나 정보를 제공하는 것이 가능하여 사실 수신자도 송신자가 되는 경우가 허다하기 때문에, 송신자와 수신자의 경계가 허물어지는 현상이 빚어지고 있다. 그러므로 인터넷을 통한 의사소통에서는 정보를 탐색하고 이를 개인의 상황과 필요에 알맞게 재구성하고 새롭게 경영하는 능력이 요구된다. 결국 인터넷을 통한 의사소통과 관련된 교육에서는 정보 탐색은 물론이고, 정보에 대한 비판적인 이해와 수용이라는 측면이 강화되어야 한다.

이러한 새로운 의사소통 양상의 변화는 결국 우리 삶과 사고방식에 영향을 끼치는 것이며, 인터넷과 컴퓨터 보급 이전 시대에서는 찾아볼 수 없는 새로운 특성들이다. 따라서 새로운 의사소통 양상에 대해 제대로 이해하고 이를 수업에 도입하고 적절히 활용함으로써, 새로운 시대에 걸맞은 한국어 교육을 지향해 나갈 필요성이 더욱 높아졌다고 할 수 있다. 왜냐하면 가상공간에서의 새로운 의사소통에 대한 이해를 높이고, 이를 적절히 활용할 수 있는 능력을 길러나가도록 돕는 일 또한 학습자의 한국어 구사 능력을 함양하는 중요한 부분이 되기 때문이다.

특별히 인터넷 강국으로 꼽히는 한국의 사정은 가상공간에서의 만남과 정보 교환, 의사소통을 그저 하나의 현상으로 가볍게 보아 넘기고, 교육적 측면에서 손을 놓고 있을 수만은 없는 상황으로 전개되어 가고 있다.

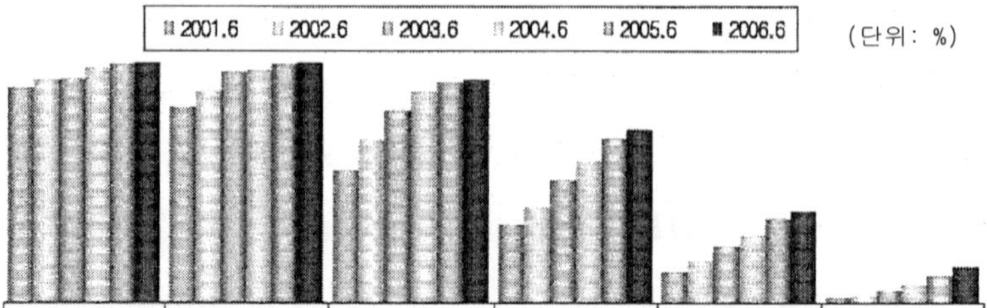

	6-19세	20대	30대	40대	50대	60세이상
2001.6	87.6	80.3	54.1	32.2	13.2	2.1
2002.6	90.6	86.0	66.7	38.9	17.5	3.2
2003.6	91.3	94.3	78.5	50.8	23.2	5.1
2004.6	95.5	95.0	86.4	58.3	27.6	7.3
2005.6	97.3	97.2	89.8	67.2	34.7	11.0
2006.6	98.1	98.1	91.6	71.0	37.5	15.2

〈그림 8〉 연령별 인터넷 이용률

(한국인터넷진흥원, 2006b: 22)

청소년의 90% 이상이 인터넷을 이용하고, 이러한 경로를 통해 의사소통을 진행해 나가는 현실은 교육적 측면에서도 주목해 보아야 한다. 인터넷을 통한 의사소통의 새로운 양상을 외면한다면, 결국 교육은 우리 삶의 다양한 부분을 수용하지 못하는 것이 되며 우리 삶의 전체 맥락과 상황을 간과하는 결과를 낳게 될 것이다. 따라서 새로운 의사소통 양식에 대한 이해와 수용은 교육적 측면에서 반드시 고려하고 연구 개발해 나가야 할 부분이다.

또한 컴퓨터와 통신의 발달이 교육적 측면에서의 의사소통에도 변화를 일으킴으로써 단순, 획일, 위계, 집단적 성격을 지녔던 교육이 이제는 다양, 협력, 개별적인 방향으로 전환되어 학습자의 보다 능동적인 참여와 활동을 중시하는 분위기로 발전하고 있다.

〈표 10〉 컴퓨터 도입으로 인한 교육 의사소통의 변화

	기존 교육	→	미래 교육
도구	인쇄 교과서		전자 교과서
	텍스트		하이퍼텍스트
방향	일 대 다수		일 대 일
	일방향		쌍방향
대상	집단적	컴퓨터 도입	개별적
과정	획일적/일련적 순서	(1) 디지털 언어	프로젝트성/비일련적
/내용	하나의 원인-하나의 결과	(2) 네트워크	하나의 원인-다양한 결과
제약	시/공간적 제약	(인터넷)	시/공간적 제약 없음
수용	수동적		상호작용적
관계	위계적		상호협력자
	생산자-관객		편집자-탐색가
공간	현실공간(고정된 장소)		가상공간(유동적 공간)

(김양은, 2003: 3)

위의 표에서 제시한 것과 마찬가지로 교육이 일 대 다수의 방향에서 일 대 일의 방향으로 전화되고 있다. 또한 교육 내용이나 과정에서도 일련성이나 획일성을 벗어나 비일련적이고 문제해결적이며 다양한 결과를 수용하는 경향이 짙어졌다. 따라서 사용하는 교과서도 정형화된 내용뿐 아니라 다양한 형식과 자료를 활용하려는 움직임이 일고 있다.[11]

그리고 이러한 교육 상황과 의사소통의 변화는 교사와 학생의 역할에 대한 새로운 시각을 불러일으키고 있다.

〈표 11〉 컴퓨터 도입으로 인한 교사-학생 역할 변화

<table>
<tr><th>구분</th><th colspan="2">기존 교육</th><th colspan="2">미래 교육</th></tr>
<tr><td>교육과정</td><td colspan="2">개인적</td><td colspan="2">협력적</td></tr>
<tr><td>관계</td><td colspan="2">위계적/비민주적</td><td colspan="2">반위계적/민주적</td></tr>
<tr><td rowspan="5">역할변화</td><td>지식 제공자</td><td>수여자</td><td>지식획득보조자</td><td>기여자</td></tr>
<tr><td>탐험가</td><td>수여자</td><td>탐험안내자</td><td>탐험가</td></tr>
<tr><td>질문해결자</td><td>수여자</td><td>열린 질문
제공자</td><td>해결자</td></tr>
<tr><td>협상해결자</td><td>수용자</td><td>협상보조자</td><td>집단활동
문제해결자</td></tr>
<tr><td>교사</td><td>학생</td><td>교사</td><td>학생</td></tr>
</table>

(김양은, 2003: 4)

위의 표에서 보듯이 앞으로의 교사는 단순히 지식을 제공하는 역할에서 벗어나 안내자, 열린 질문 제공자, 지식획득보조자의 역할을 담당해야 한다. 또한 학습자는 보다 적극적이고 협력적인 태도를 바탕으로 스스로 시도하고 실험하며 문제를 해결해 나가는 주체이자 해결자요, 탐험가요, 참여자가 되는 것이다. 따라서 교사는 이러한 변화를 깊이 인식하고 학습자 및 교사의 역할과 기능에 대해 충분히 이해하여 보다 새롭고 효율적인 교육이 이루어지도록 노력해 나가야 한다. 이러한 인식과 태도를 바탕으로 한 수업에서는 특히 교사가 다음과 같은 부분에 중점을 두어야 할 것으로 보인다.(Brooks & Brooks, 1993: 101-118; 조영남, 1998: 104-105에서 재인용)

- 구성주의 교사는 학생들의 자율성과 솔선수범을 격려하고 수용한다.
- 조작적, 상호작용적, 물리적 자료와 더불어 원자료와 일차적인 자료를 활용한다.
- 과제를 체계화할 때 분류하다, 분석하다, 예측하다, 창조하다와 같은 인지적 전문용어를 사용한다.
- 학생들의 반응을 수용하여 수업을 진행하며, 수업 내용과 방략을 다양하게 한다.
- 개념을 일방적으로 전달하지 않고, 학생들의 이해 여부를 탐구한다.
- 교사와 학생 간 그리고 학생들 상호간의 대화를 고무한다.
- 사려 깊고 개방적인 발문을 하고, 학생들이 서로 질문을 하도록 자극함으로써 탐구를 촉진시킨다.
- 학생들의 초기 반응을 정교화하도록 한다.
- 제시된 가설에 반박하도록 하여 토의를 촉진시키는 경험을 제공한다.
- 질문을 제기한 뒤, 학생들이 대답할 시간적 여유를 준다.
- 학생이 스스로 관계를 구성하고, 비유를 할 수 있는 시간적 여유를 준다.
- 학습 과정에서 자기조절의 역할을 강조하는 학습주기 모델(발견-개념 소개-개념 적용)을 자주 활용하여 학생들의 호기심을 고취시킨다.

사회의 변화와 발전은 교육에 대한 관점과 교육 현장의 변화를 요구한다. 왜냐하면 교육도 인간을 위해 존재하는 것이고 시대적 사명과 현실을 도외시한 교육은 그 책임을 다 하지 못하는 것이 되기 때문이다. 위에서 언급한 교사의 자세와 자질을 갖추기 위해서는 교사 스스로가 사회의 흐름과 변화를 읽고 이에 대처하고자 하는 능동적이고 적극적인 자세를 가져야 할 것이다. 아울러 교사는 지속적인 자기 개발과 연구를 통해 교육의 질을 향상시키고 학습자와 함께 발전하고자 하는 태도를 지녀야 한다. 왜냐하면 교사는 단순한 직업의 개념을 넘어서 자신이 지니고 있는 특성과 지식을 활용하여 사회에 필요한 인재를 육성해 나가야 하는 큰 책임을 지니고 있기 때문이다.

2-2. 정보사회 교육의 특징[12)]

우리 삶의 모든 측면에서 디지털화가 빠르게 진행됨에 따라 교육에 대한 시각과 교육 방법적 측면에서의 변화를 피할 수 없게 되었다. 그렇다면 정보사회의 교육적 변화나 특성들로는 어떠한 것을 생각해 볼 수 있겠는가? 이에 대해서는 여러 가지 요소들을 열거할 수 있겠으나, 그 중의 몇 가지 주요 사항에 대해 살펴보면 다음과 같다.[13)]

첫째, 지식과 정보의 중요성과 그 활용이 부각된다. 이미 앞에서도 언급하였듯이 지본주의 사회로 전환되어 가는 상황 속에서 교사들은 학습자들에게 필요한 지식을 제공하는 차원에서 한 걸음 더 나아가서 학습자의 지식 이해와 활용, 선별적 능력 등을 길러주는 것에 주안점을 두어야 하는 시대가 되었다.

둘째, 지식과 정보가 넘쳐나는 상황 속에서 자신에게 필요한 정보를 보다 빠르고 정확하게 이해하며, 실제적으로 활용하는 능력이 요구된다. 왜냐하면 정보사회에서는 "정보기술을 이용하여 정보를 다루고 전달하며 실생활과 가상 상황에 대한 모형을 탐색하고 설계하며 개발하고 평가하며 물적 변인과 운동을 제어 계측하고, 정보기술의 중요성과 활용 그리고 그것이 생활에 미치는 영향에 관한 현명한 판단을 내릴 수 있는 능력"인 "정보기술능력(Information Technology Capability)"을 갖춘 인간형이 필요하기 때문이다.(Kennewell, 1995; 손병길 1999: 3에서 재인용) 다음에 제시하는 지식노동자의 인지능력에 대한 주장은 학습자들이 앞으로의 사회에서 어떠한 능력을 배양해 나갈 필요가 있는지를 잘 보여준다.(강휘원, 1998: 209)

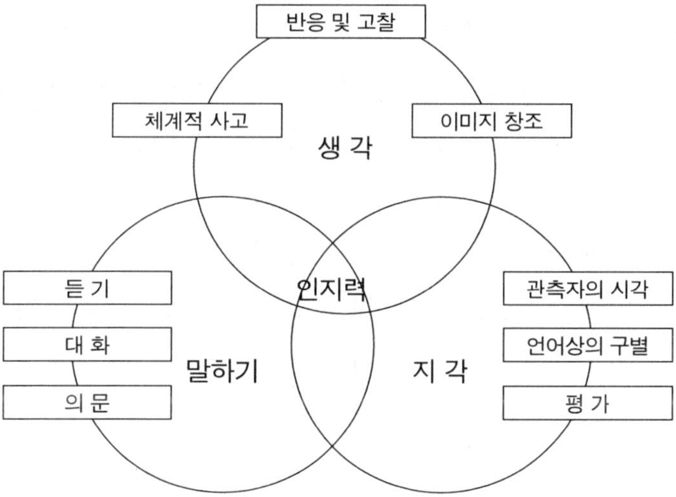

〈그림 9〉 지식노동자의 인지능력과 수단

결국 앞으로의 교육에서는 단순한 지식 전수와 이해에 초점을 맞추기보다는 학습자 스스로가 생각하고 탐구하며 무엇인가를 시도하고 생산해내는 노력이 더 많이 요구된다고 할 수 있다.

일본문부성(1989; 손병길, 1999: 3에서 재인용)에 따르면 앞으로의 사회에서는 학습자들에게 "정보의 판단, 선택, 정리, 처리 능력 및 새로운 정보의 창조, 전달 능력의 육성/ 정보의 특질, 정보화가 사회나 인간에게 미치는 영향의 이해/ 정보의 중요성 인식과 정보에 대한 책임감/ 정보 과학의 기초 및 정보 수단의 특징 이해, 조작 능력 습득 등"을 길러주어야 한다. 따라서 "단순정보전달 중심의 전통적인 교육, 즉 무엇을(know-what), 어떻게(know-how)의 지식 교육에서 문제해결 중심이 왜(know-why)의 지혜교육으로 전환되어야 한다."(강휘원, 1998: 212)

셋째, 창조성과 유연성이 강조된다. 지식을 학습자 개인의 취향과 목적에 따라 제대로 사용할 줄 아는 능력을 길러주기 위해서는 천편일률적인 방식과 사고에서 벗어나 창조력과 유연성이 중심이 되는 교육이 이루어져야 한다.

넷째, 배움에 있어 공간적 제약을 넘어서게 된다. 정보사회에서는 굳이 교실이라는 공간을 고집하지 않고서도 정보의 탐색과 획득이 가능하기 때문에 학습자가 원하기만 하면 어디서든지 필요한 정보나 지식을 얻을 수 있다. 따라서 앞으로는 "학습자들이 스스로 필요한 정보 혹은 지식을 네트워크를 통해서 검색하고서 자신에게 적합한 형태로 가공해 나가는 학습자 중심의 주문형 교육(on-demand learning)"(강휘원, 1998: 212)이 이루어진다.

다섯째, 학습의 주체로서 학습자를 바라보는 인식이 강조된다. 이제 교육도 개인별 맞춤형 시대가 되었다. 같은 정보나 지식을 가지고도 한 개인의 지식에 대한 접근과 사용이 달라질 수 있다는 다양성을 전제로 교육이 이루어지기 때문에, 교육 내용에 대한 이해도 달라져야 하며 그 활용의 주체로서 학습자를 인식하고 대우하는 기본적인 태도의 변화가 요구된다.

여섯째, 학습자의 개성을 중시한다. 학습자가 교수학습 활동의 주체가 된다는 것은 결국 학습자 한 개인의 성향, 정서, 학습 목표 등에 대한 전반적인 고려와 인식을 중시함을 의미한다. 따라서 교사들은 학습자를 교사와 동등한 입장에서 학습의 주체로 받아들이고, 그들의 필요에 적합한 교육을 실시하고자 하는 자세를 가지는 것이 필요하다.

일곱째, 평생학습이 강조된다. 사회 생활이나 삶 속에서 정보는 생명과도 같다. 인터넷이 대중화되고 많은 정보가 실시간으로 전달되고 그에 대해 누구든지 자신의 의견을 자유롭게 개진하는 것이 일반화되어 가고 있는 상황 속에서, 지속적인 학습과 정보에 대한 노출이 이루어지지 않는다면 삶의 변화와 발전을 기대하기 어려운 게 사실이다. 아울러 인간의 특성상 한 개인의 변화와 발전은 멈추는 것이 아니라 지속적인 배움과 경험을 통해 이루어져 나가는 한 평생에 걸친 과업이기 때문에 평생학습은 아무리 강조해도 지나치지 않을 것이다.

여덟째, 사회 구성원으로서의 개인이 강조된다. 인간은 사회적인 동물로서 혼자서 모든 것을 영위해 나간다는 것은 불가능하다. 따라서 학습자 한 개인에 대한 철저한 이해와 존중을 바탕으로 학습자들이 자신의 능력을 개발하여 자아를 실현함과 동시에 자신의 능력과 개성을 자신이 속한 사회에서 제대로 운용하고 활용해 나가도록 함으로써, 자신뿐 아니라 주변의 변화와 발전의 원동력이 되도록 하는 것의 중요성이 부각된다.

따라서 정보사회에서의 교육은 한 개인의 변화와 성숙에 초점을 맞추고 탄력성과 융통성을 중시하며 창조성과 다양성을 추구하는 교육으로 나아가야 한다. 아울러 학습자 스스로가 배움의 주체가 되어 학습을 주도해 나가는 환경을 제공하고 서로 어우러져 함께 시도하고 노력하며 탐구하는 가운데 배움을 얻어 나가도록 해야 한다. 이러한 관점에서 정보사회의 교육은 다음과 같은 방향으로 개선·변화되어야 할 것으로 보인다.(강휘원, 1998: 216)

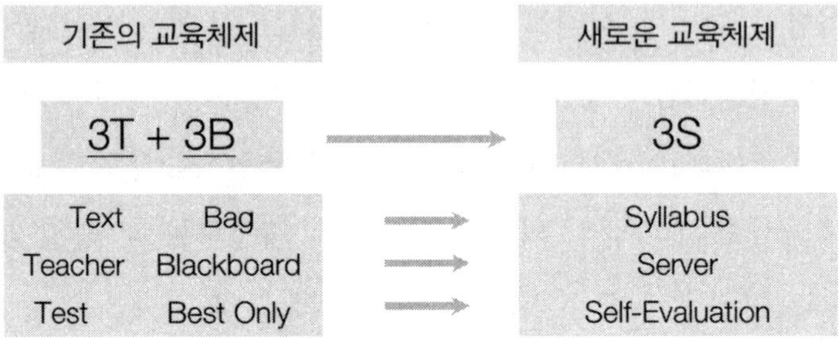

〈그림 10〉 지식정보화를 향한 교육개혁의 관점

위의 그림에서 보듯이 새로운 교육체제에서는 자율과 개성, 그리고 유연성을 강조하여 학습자의 학습 참여도를 높이고 스스로의 탐험과 시도를 통해 지식을 얻어나가는 과정을 중시한다.

2-3. 정보사회에서의 한국어 교육

국내 대학에서의 공식적인 기관을 통한 한국어 교육의 역사는 이제 40여 년을 조금 지났다고 볼 수 있다.(국제한국어교육학회, 1997) 초창기의 한국어 교육은 학습자층이 지금처럼 다양하거나 두텁지도 않았으며, 교육 방법도 매우 단순한 수준에 머물렀던 것으로 보인다. 그도 그럴 것이 당시 한국에 대한 세계적인 인지도도 요즘에 비해 낮았을 것이며, 한국어 사용 목적이 지금에 비해 매우 제한적이었을 것으로 보인다. 따라서 대부분의 학습자들에게 매우 생소한 언어로 다가왔던 한국어를 학습자들에게 인식시키고 한국어를 사용해서 말할 수 있게 해주는 것에 교육의 초점이 모아졌을 가능성이 높다. 따라서 당시에는 학습자들에게 문법을 이해시키고 배운 문법으로 문장을 말할 수 있는 정도라면 매우 높은 한국어 실력을 가지고 있다는 인식이 어느 정도 작용했다고 볼 수 있다. 그러나 1990년 후반기부터 서서히 한국어 교육계에도 과제 중심의 언어 교육(Task-based Language Teaching)에 대한 인식과 적용에 관심이 쏠리면서 교육 이론과 적용 측면에서 많은 발전과 성장을 거듭해 오고 있는 것이 사실이다. 특히 가상공간을 통한 의사소통이 보편화, 실제화 되고 있는 요즘의 현실을 생각해 볼 때에 한국어 교육은 보다 폭넓은 의사소통 환경과 맥락을 고려한 교육이 되어야 할 것으로 보인다. 앞에서 지적한 대로 정보사회에서의 교육은 결국 정보를 제대로 이해하고 선별적으로 선택할 수 있는 능력을 함양하는 교육에 중점을 두어야 하며, 한국어 교육도 다양한 매체와 의사소통 상황에 학습자들을 노출시키고 학습자 자신의 의사소통 목적과 도구에 맞는 한국어 구사 능력을 길러 나가도록 학습의 틀을 새롭게 짜 나가야 할 것이다. 이러한 측면에서 정보사회에서의 한국어 교육이 나가야 할 방향에 대해 알아보면 다음과 같다.

첫째, 더욱 다양해진 학습자의 필요를 고려한 교육을 지향해야 한다. 주지하다시피 정보사회는 획일적이고 단순한 활동과 사고의 틀로써는 감당해 나가기 어렵기 때문에 사회와 인간 심리의 변화에 맞추어 다양성을 충분히 고려한 교육이 되어야 한다. 복잡하고 매우 빠르게 움직이는 현실 속에서, 학습자 개인이 추구하는 한국어 학습 목표나 방법 등이 다를 수 있기 때문에 이에 부합하는 교육이 되도록 끊임없는 연구와 개발이 절실하다.

둘째, 현실공간과 가상공간을 모두 고려한 교육을 지향해야 한다. 앞에서 지적한 바와 같이 이제 우리는 가상공간이라는 새로운 환경을 이용함으로 말미암아 경제, 사회, 문화, 교육에 있어서 큰 변화를 체감하고 있다. 따라서 한국어 교육이 기존 교육 방법이나 교육 자료를 활용하는 것은 물론이고, 가상공간에서의 학습자들의 활동에 대해 주시하고 이곳에서 어떻게 의사소통을 진행하는지 유념하여 보다 다양한 상황과 자료를 도입하여 현실적인 변화에 대응하는 교육을 이루어 나가야 한다.

셋째, 정보 전달 능력과 활용 능력을 배양하는 교육을 지향해야 한다. 정보사회에서는 말 그대로 수많은 정보 속에서 개인에게 부합한 정보를 찾아서 적재적소에 활용하는 능력이 중요하다. 따라서 학습자들이 한국어로 된 많은 정보를 접할 수 있는 기회를 제공함은 물론이고 이러한 정보를 처리할 수 있는 능력과 활용 능력을 함양하도록 교육과정이 개편되어야 할 것이다.

넷째, 의사소통의 상황과 목적에 부합하는 매체를 선택해서 활용하는 능력을 길러주는 교육을 지향해야 한다. 예를 들어 같은 자기소개라고 하더라도 취업을 위해 제출하는 공식적이고 형식적인 자기소개와 블로그의 개인 프로필은 표현 자체가 많은 차이를 지닌다. 자신의 특성과 재능을 드러낸다는 점에서는 두 경우 모두 일치하지만, 글을 통해 전달하고자 하는 메시지의 성격이 다를 뿐 아니라 자기소개를 읽는 독자와 전달 매체가 다르다. 따라서 학습자 자신이 표현하고자 하는 내용이 어떤 목적을 성취하고자 하는 것인가를 고려하고 그에 따른 매체를 선정하며 전달 매체에 따른 표현의 차이를 고려한 교육이 이루어져야 할 것으로 보인다.

다섯째, 학습자의 보다 높은 참여를 고려한 교육을 지향해야 한다. 최근의 외국어 교육에서 가장 크게 부각되고 있는 과제 중심 언어 교육은 학습자 중심을 지향할 뿐 아니라 학습자 스스로의 참여와 학습 경로 선택 등에도 많은 관심을 가진다. 특별히 정보사회는 자신의 개성을 드러내고 적극적인 활동을 통한 자기 개발을 중요시하기 때문에 스스로 정보를 찾아보고, 선택하고, 평가하는 일련의 과정에 학습자들이 더 많이 노출되도록 도와주어야 한다. 특히 하이퍼텍스트는 독자와 필자의 경계가 모호하고 스스로 많은 역할을 해보는 중심축이 되는 텍스트이기 때문에, 학습자 스스로 학습을 위한 모든 과정에 적극성을 띠고 임해야 그 효과도 배가될 수 있다는 인식을 심어주어야 한다.

여섯째, 다양한 텍스트를 활용한 교육을 지향해야 한다. 한국어 교육에서 계획되고 준비된 교과서가 수업에 주로 사용되는 것이 일반적이지만, 교과서가 삶의 여러 측면을 모두 포괄하기에는 한계가 있을 수밖에 없다. 특별히 요즘의 한국어 교육은 실제성과 효율성을 중시하는 방향으로 나아가고 있기 때문에, 여러 텍스트와 상황이 도입되는 것이 보다 바람직하다고 생각된다. 왜냐하면 다양한 텍스트를 다룬다는 것은 그만큼 직·간접적으로 여러 상황을 접할 수 있다는 것을 의미하고, 이를 통해 어떤 상황을 접하더라도 당황하지 않고 자신감 있게 학습자 스스로 목표를 달성해 나가는 성취감을 얻도록 해줄 수 있기 때문이다.

일곱째, 보다 풍부한 매체 활용이 필요하다. 외국인 학습자들이 한국에 오면 가장 강한 인상을 받는 부분 중의 하나는 역시 정보통신 기술이 어느 나라보다 앞서 있고, 이를 삶에서 상당 부분 이용한다는 것이다. 처음에는 좀 어색할지 모르겠지만 이내 한국의 인터넷이나 이동통신에 익숙해지고 이를 흥미롭게 사용하는 외국인 학습자들이 적지 않다. 이들이 실제로 한국인들과 많은 문자를 주고받고, 이메일을 사용하는 일상적인 상황을 한국어 교육에 접목시킨다면, 교육의 실제성을 높이는 것은 물론이고 다매체 활용 능력과 한국어 구사 능력을 높이는 계기를 마련할 수 있을 것이다.

3장

하이퍼텍스트 중심의 한국어 교육 방안

3장 하이퍼텍스트 중심의 한국어 교육 방안

1. 이메일

1-1. 이메일의 개념

인터넷이 발달하면서 이를 통해 할 수 있는 활동이 많지만 그중에서도 가장 빈번하게 사용하는 것이 아마 이메일일 것이다. 여기서는 먼저 이메일의 사전적 의미에 대해서 살펴본다.

> PC통신이나 인터넷을 통해 주고받는 편지를 말한다. e-메일은 일반 편지와는 달리 네트워크를 통해 전달되기 때문에 즉시 전송할 수 있을 뿐 아니라, 한꺼번에 여러 명에게 동일한 내용을 발송할 수 있다. 또한, 발송한 메시지는 수신자가 PC통신 서비스 등에 접속했을 때 언제라도 읽어볼 수 있다. 또한, 전자우편은 단순한 텍스트뿐만 아니라 그림이나 소리가 들어간 파일도 함께 첨부해서 전송할 수 있으므로 전자우편을 통해 전송받은 내용을 다양한 용도로 사용할 수 있다는 장점이 있다. 일반편지와 마찬 가지로 전자우편을 주고받기 위해서는 주소가 필요한데, 이것을 전

자우편 주소 또는 인터넷 ID(e-mail address)라고 한다. 전자우편 주소는 일반적으로 사용자 ID와 그 사람이 속해 있는 회사 또는 PC통신 서비스 회사의 컴퓨터 이름으로 이루어져 있으며, 한사람이 여러 개의 주소를 갖고 있는 경우도 있다.[14]

컴퓨터 통신망을 통해서 메시지를 전송하는 것, 또는 전송된 메시지. 전자 우편이라고도 한다. 통신망을 통해서 전송된 메시지를 수신인의 우편함에 보관하여 수신인이 수시로 꺼내 볼 수 있게 하는 것이다. 개인용 컴퓨터(PC)나 워크스테이션 등의 단말상에서 작성된 메시지를 사용자의 요구에 따라 통신망을 통해서 전송하고, 전송된 메시지를 수신인의 우편함에 보관한다. 초기의 이메일은 사무실이나 구내에서 구내 정보 통신망(LAN)으로 연결되어 있는 컴퓨터 단말 상호 간이나 PC 통신 가입자 단말 상호 간의 메시지 교환에 많이 사용되었다. 최근에는 인터넷을 통해서 이메일을 교환할 수 있게 되었으며 인터넷에서 가장 많이 이용되는 서비스가 이메일이다. 이메일로 문자뿐만 아니라 도형이나 음성 메시지도 교환할 수 있고, 개별 수신인뿐만 아니라 다수의 수신인이나 집단에 하나의 메시지를 일제히 동보 통신 방식으로 보낼 수도 있다. 이메일 메시지는 각 사용자의 메일함에 축적되므로 수신인은 편리한 때에 인쇄기로 출력하거나 삭제할 수도 있다. 이메일 프로그램의 능력에 따라서 사용자는 수신된 메일을 다른 사람의 주소로 전송(forward)할 수도 있고 발신된 메일의 전달 확인 회신을 요구할 수도 있다. 또 사용자가 다른 작업을 수행하고 있는 동안에 메일이 도착하면 컴퓨터 화면에 경고 메시지를 표시하여 알림으로써 메일을 즉시 볼 것인지 후에 볼 것인지를 선택할 수도 있다.[15]

앞에서 제시한 설명을 살펴 볼 때에 이메일이란 '컴퓨터 통신망을 이용해서 주고받는 편지나 메시지'라고 할 수 있다. 그런데 위의 인용문에서 나타난 바와 같이 이메일은 일반 편지와는 다른 점이 있다. 다시 말해서 이메일은 메시지 송신자 자신이 전하고자 하는 메시지만 보내는 것이 아니라 필요에 따라 음악을 함께 보낼 수 있고, 파일을 첨부할 수도 있으며, 여러 수신자에게 동시에 메시지를 전달할 수도 있다. 따라서 이메일은 기존의 편지보다 더 발달된 기능을 갖추고 있으며, 최근에 가장 많이 사용되는 의사소통 도구임을 누구도 부인할 수 없을 것이다.

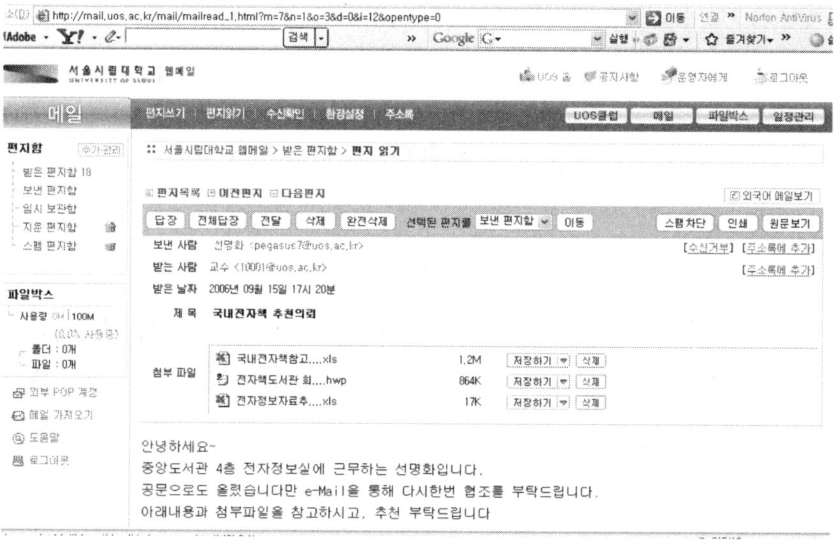

〈그림 11〉 이메일 본문의 예[16]

특히 요즘은 여러 포털 사이트에서 이메일을 무료로 제공하기 때문에, 대부분의 사람들이 한두 개 정도의 이메일 계정을 가지고 있는 경우가 많다.

(단위: %)

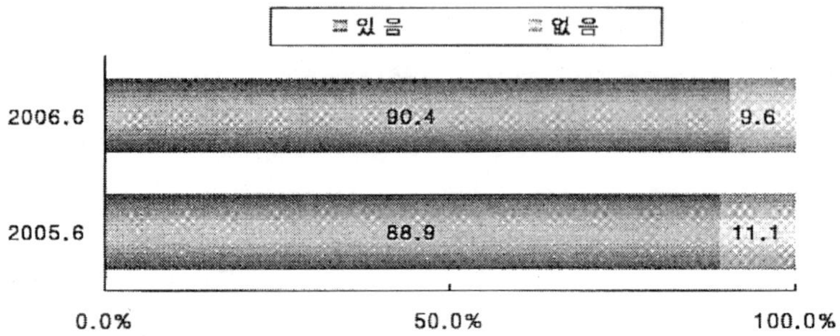

〈그림 12〉 이메일 계정 보유 여부
(한국인터넷진흥원, 2006b: 95)

위의 그림에서 보듯이 국내 이메일 계정 보유율은 점차 높아지고 있는 추세로, 2005년 88.9%에서 2006년에는 90.4%로 상승하였다. 아울러 이메일 송수신 건수도 높게 나타나 이메일을 통한 의사소통이 삶의 한 영역으로 자리 잡아 가고 있음을 알 수 있다.

(단위: 건)

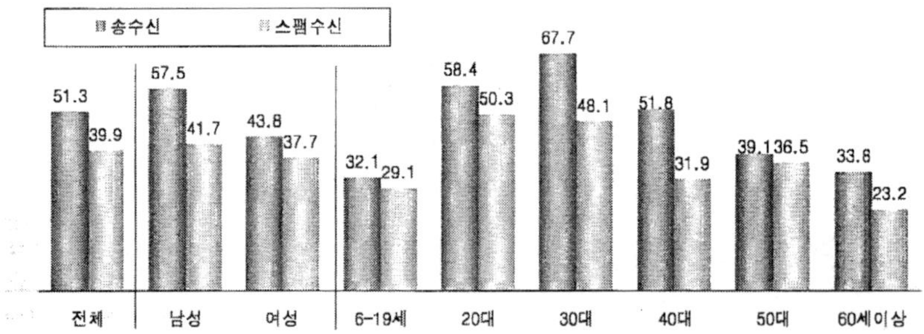

〈그림 13〉 주평균 성·연령별 이메일 송수신 건수
(한국인터넷진흥원, 2006b: 97)

위의 통계에서 보듯이 일 주에 평균 이메일 송수신 건수는 51.3통으로 나타나 이메일을 통한 의사 및 정보 교류가 빈번한 것을 알 수 있다.

그리고 이러한 통계 결과는 이메일을 통한 의사소통과 정보 교류가 이제 우리 삶에서 중요한 위치를 차지하고 있음을 단적으로 보여준다.

이렇게 우리 삶에서 자주, 그리고 유용하게 사용하는 이메일을 한국어 교육에서 활용해 나간다면, 다음과 같은 여러 가지 긍정적인 효과를 기대할 수 있을 것으로 보인다.[17)]

첫째, 이메일 글쓰기는 일반적인 글쓰기에 비해 글을 쓰는 목적과 동기, 그리고 독자가 명확히 정해져 있기 때문에 학습자 스스로 글을 쓰는 데에 특정한 목적과 동기를 가지고 임할 수 있다. 따라서 학습자들이 수업에 관심을 모으도록 하는 것이 용이하고, 수업에 보다 적극인 태도를 가지도록 하는 효과도 기대할 수 있다.

둘째, 일반적인 글쓰기에 비해 빠른 송환(feedback)을 얻을 수 있다. 학습자들이 이메일을 보낸 후에 그에 대한 답을 받아볼 수 있는 속도가 빠르기 때문에 학습 활동에 대한 점검이 쉽고 긍정적인 효과를 기대할 수 있다.

셋째, 교육 내용이 실제적이다.[18)] 이메일은 요즘 누구나 사용하는 의사소통 도구이다. 따라서 이메일을 교실에 도입하는 것은 곧 수업의 실제성으로 이어지기 때문에 제한된 교실 학습의 한계를 뛰어넘을 수 있다.

넷째, 이메일 자체가 실제적인 활동이기 때문에, 한국어 모국어 화자가 사용하는 일상적인 표현들을 쉽게 배울 수 있고 흥미를 고취시킬 수 있다.

우리 삶에서 빈번하게 사용하는 이메일을 단순히 정보나 의견을 교환하는 수단으로써 바라볼 것이 아니라 교육적 시각에서 새롭게 바라본다면 평범한 일상을 통해서도 커다란 교육의 효과를 가져 올 수 있을 것이라 생각된다. 아울러 이메일을 통한 한국어 교육은 실제성과 효율성을 중시하는 최근의 교육적 시각을 수업에 반영함은 물론이고 학습자의 한국어 능력을 함양시키는 적절한 도구로서 자리매김할 수 있을 것으로 보인다. 다음에는 이메일을 한국어 수업에 적용하여 수업을 구성하는 방안에 대해 알아본다.

1-2. 이메일 기능을 활용한 한국어 교육 방안 1

앞에서는 이메일의 개념을 살피고 날로 그 사용이 증가하는 이메일의 교육적 활용의 효과에 대해 알아보았다. 이번에는 이메일 기능을 한국어 교육에서 활용하는 방안에 대해 고찰한다. 먼저 이와 관련된 학습 목표를 살핀다.

A. 학습 목표

가. 효과적인 이메일 작성 방법을 이해할 수 있다.
나. 한국어로 이메일을 작성해서 보낼 수 있다.

B. 학습자 한국어 수준

초급

C. 학습 지도안

1. 도 입
• 학습자에게 이메일을 자주 사용하는지 질문한다. • 이메일 사용의 장점에 대해 질문한다. • 예시로 준비한 이메일 자료를 학습자들에게 보여준다.
2. 활 동
• 교사는 효과적인 이메일 초대장 작성을 위한 지침을 제시한다. • 학습자는 생일 초대와 관련된 이메일을 친구들에게 보낸다.(개별 활동)
3. 마 무 리
• 교사는 이메일을 실제 작성해서 보내는 활동을 통해 느낀 점이나 새로 알게 된 점에 대해 학습자들이 답하게 하고 이를 정리해 준다.

위와 같은 내용을 바탕으로 한 수업 구성에 대해 살펴보면 다음과 같다.

1. 여러분은 이메일을 자주 이용합니까?
2. 이메일을 이용하면 어떤 점이 편리합니까?
3. 다음 주에 집에서 생일파티를 하려고 합니다. 친구들에게 이메일로 초대장을 써 보십시오.[19)]

보낸이 : SU XIN <belindasusu@naver.com>
회신 주소 : "SU XIN" <belindasusu@naver.com>
보낸 날짜 : 2006년 10월 19일 목요일 오전 6:32:19
받는이 : <mania721@hotmail.com>
제목 : 선생님 이것 소혼의 편지입니다.

김선생님

안녕하세요. 정말 오래간만이에요. 그동안 잘지내셨어요?

다음주 월요일이 제 생일이에요. 월요일 오후 7시에 우리 집에서 파티가 있을거에요. 선생님을 오래 동안 못 만나서 너무 보고 싶어요. 그래서 생일파티 때 선생님을 초대 하고 싶어요.

대부분의 교환학생들이 그날 우리 집에 올거예요. 같이 중국요리도 하고 다른 나라 요리도 만들 거예요. 선생님께서 오셔서 같이 밥을 먹고 이야기 하면 좋겠어요. 선생님 혹시 다음주 월요일 저녁에 시간 있어요? 시간이 있으시면 우리 집에 오세요.

우리집은 시립대학교 근처에 있어요. 선생님 집에서 청량리까지 지하철 1호선타시고 2237호 버스 환승 하시고 시립대입구역에서 내리세요. 우리 집은 현대아파트 1102호예요. 시립대입구역에서 우리집까지 걸어서 5분쯤 걸려요. 시립대입구역에 오신 후에 전화 주세요. 제가 마중 나갈게요.

☞ 이메일 초대장을 쓸 때 어떻게 쓰면 더 효과적일까요?

- 문장을 간단하게 씁니다.
- 문단 사이를 넓게 띄어 줍니다.
- 문장 이외에 이모티콘이나 음악을 넣기도 합니다.
- 글 전체가 너무 길어지지 않게 합니다.
- 필요하면 약도를 넣습니다.

요즘은 이메일 기능도 점차 다양화되어 단순하게 편지를 송수신하는 차원을 넘어서 그림이나 배경 음악이 제공되는 이카드(e-card)[20]도 많이 사용한다. 요즘 여러 웹 사이트에서 제공하는 이카드는 모양과 내용 등이 아주 다양하여 수업에 활용하면 학습자의 흥미를 돋우고 실제성 있는 교육을 이루어 나갈 수 있을 것으로 생각된다. 이와 관련된 한국어 수업 구성에 대해서는 다음에 제시한다.

1-3. 이메일 기능을 활용한 한국어 교육 방안 2

최근에는 편리하고 다양한 이카드를 종이 카드 대신에 사용하는 경우가 많다. 이카드는 경제적이고 송수신이 편리하며 배경 음악까지 함께 보낼 수 있는 장점 때문에, 많은 사람들이 필요에 따라 여러 종류의 이카드를 주고받는 일이 흔해졌다. 이번에는 이카드를 한국어 교육에 활용하여 학습자들이 지인들에게 이카드를 보내는 수업 구성에 대해 고찰한다. 먼저 이와 관련된 학습 목표를 살펴보면 다음과 같다.

A. 학습 목표

가. 학습자가 전달하고자 하는 메시지의 내용에 어울리는 이카드를 선정할 수 있다.

나. 선정한 이카드를 사용해서 한국어로 메시지를 작성해서 보낼 수 있다.

B. 학습자 한국어 수준

초급 또는 중급

C. 학습 지도안

1. 도 입
• 교사는 학습자들에게 어떤 방식을 사용해서 사람들에게 메시지를 전하는지 질문하고 학습자들은 자신이 선호하는 메시지 전달 방식에 대해 답한다. • 교사는 학습자들에게 이카드를 자주 사용하는지 묻고 이카드 사용의 편리함에 대해 질문한다.
2. 활 동
• 카드를 보내는 목적에 따른 알맞은 한국어 표현을 익힌다.(전체 활동) • 새해 카드를 인터넷에서 골라 메세지를 작성하여 친구들에게 보낸다.(개별 활동)
3. 마 무 리
• 학습자들은 서로 주고받은 이카드를 읽어보고 가장 마음에 드는 카드를 선정한다.

위의 학습 지도안에 따른 수업 구성 방안을 알아보면 다음과 같다.

1. 여러분의 친구나 가족의 생일을 축하하고 싶을 때, 새해 인사를 하고 싶을 때 어떻게 메시지를 보냅니까?[21]

· 전화 (√)
· 문자 메시지 ( )
· 이메일 ( )
· 이카드 (√)

· 종이카드 (　　)
· 편지 (　　)

2. 여러분은 이카드를 자주 사용합니까? 이카드가 종이 카드보다 편리한 점은 무엇입니까?

3. 카드를 보낼 때 어떤 내용을 적어서 보내야 할까요? 다음 경우에 맞는 표현을 골라서 연결해 봅시다.

· 졸업 축하 카드	· 저를 낳아 길러 주신 부모님의 사랑에 다시 한 번 감사드립니다.
· 생일 카드	· 두 분의 만남과 결혼을 진심으로 축하드립니다.
· 결혼 축하 카드	· 네가 이 세상에 태어난 날 정말 축하해!
· 새해 카드 ——→	· 올 한 해도 늘 건강하시고 소원성취하시기 바랍니다.
· 어버이날 카드	· 이제 사회인으로 새로운 인생을 출발하는 너에게 늘 행운이 함께 하기를...

4. 새해가 되었습니다. 친구에게 새해 카드를 보냅시다.

To [은주에게]

제목 [은주야 새해 복 많이 받아]

내용

은주야, 그동안 잘 지냈니?
요즘 호주 날씨는 어때?
서울은 많이 춥단다.
이민 생활은 잘 적응하고 있니?
올 한 해도 건강하고 마음의 소원 다 이루기 바란다.

서울에서 친구가.

From | 재희 |

▷ 받는 이 e-mail | moses1@chol.com |

▷ 보내는 이 e-mail | gjlome@hanmail.net |

5. 여러분이 받은 이카드 중에서 가장 마음에 드는 것은 어떤 것인지 말해봅시다.

사람은 작은 것에도 감동하고, 큰 의미를 찾을 수 있다. 사실 이메일은 너무 일상적이고 평범한 도구이지만, 이렇게 작은 도구도 교육적 시각에서 의미를 찾고 그것을 긍정적으로 사용하고자 하는 노력이 뒷받침된다면 매우 훌륭한 수업 도구로써 사용될 수 있을 것이다. 다음은 전자 게시판을 활용한 한국어 교육 방안에 대해 살펀다.

2. 전자 게시판

2-1. 전자 게시판의 역사와 교육적 효용성

요즘은 전자 게시판[22]의 힘을 그 어느 때보다도 현실감 있게 느낄 수 있는 시대이다. 재미삼아 글을 계속 올린 한 네티즌이 독자들의 큰 호응으로 일약 유명 인사가 되는 경우도 있고 네티즌들의 의견이 전자 게시판을 통해 한 데 모아져 힘을 발휘해 내는 공간이 되기도 한다. 전자 게시판의 등장과 활용으로 우리 사회는 이전에 비해 여러 사람이 의견을 제시할 수 있게 되었고, 보다 새롭고 발전적인 생각과 의견을 나누고 서로를 이해하기가 더 수월해졌다.

이러한 전자 게시판의 사용은 미국의 시카고 지역을 중심으로 시작되었다. 당시 시카고 컴퓨터 동호인 교류회(Chicago Area Computer Hobbyists Exchange)에서는 1978년에 Christensen과 Suess를 중심으로 전자 게시판을 만들었고, 미국 전역에 흩어져 있던 컴퓨터 전문가들이 시카고 지역의 관련자들과 대화를 나누기 위해 이 전자 게시판을 사용하게 되었다. 그리고 이때부터 전자 게시판을 BBS라고 부르게 된 것으로 보인다.(박순백, 1989: 29-32) 그러나 당시의 전자 게시판은 지금처럼 속도가 빠르지는 못했다. 그 후 상업적인 목적의 전자 게시판이 1979년에 새롭게 등장하였고, 1980년대부터 컴퓨터 관련 기술들이 발달하면서 전자 게시판이 널리 사용되기 시작하였으며,[23] 이제 전자 게시판은 많은 정보와 의견을 주고받는 유용한 공간으로 자리매김하고 있다.

〈그림 14〉 전자 게시판을 활용한 공지사항 알림[24)]

아마도 이메일과 더불어 가장 많이 사용되는 도구 중의 하나가 바로 전자 게시판일 것이다. 이메일이나 전자 게시판은 모두 인터넷 통신을 통해 정보를 전달한다는 점에서는 비슷하지만, 이메일이 일반적으로 일 대 일의 정보나 의사 전달에 목적이 있는 것에 비해, 전자 게시판은 공개적인 내용을 불특정 다수의 네티즌들과 함께 공유한다는 점이 다르다. 따라서 전자 게시판이 이메일보다 공개성이나 개방성이 더 강하다고 할 수 있다.(윤인순, 2002: 19) 또한 전자 게시판에 올려진 정보들은 우리 사회의 여러 가지 현안이나 문제점, 분위기 등을 파악하는 자료가 될 수 있고 이를 통해 외국인 학습자들이 한국에 대한 정보를 얻고 한국 사회를 이해하는 데에 도움을 받을 수 있다. 그 외에도 전자 게시판을 한국어 수업에 활용하면 다음과 같은 긍정적인 효과를 볼 수 있을 것으로 생각된다.[25)]

첫째, 전자 게시판을 통해 글쓰기를 할 경우, 네트워크로 연결되어 있어서 많은 사람들이 함께 토의에 참가할 수 있기 때문에 서로의 의견 교환이 용이하다. 그러므로 한 가지 주제에 대한 많은 정보와 다양한 시각을 얻는 것이 가능하여 학습자들에게 풍부한 자료와 시각을 제공할 수 있는 장점이 있다.

둘째, 개인 작문 활동에 비해 학습자가 교수-학습 활동에 적극적으로 참여할 수 있으므로 학습자 주도적인 학습 환경 제공이 용이하다.

셋째, 학습자들끼리 서로 수정해 주고 조언해 주기가 수월하며 여러 명의 동료에게서 송환(feedback)을 얻기에 편리하다.

사회가 발전하고 변모해 가면서 이제 정보를 얻을 수 있는 방법도 그만큼 많아졌다. 여러 경로를 이용해 정보를 얻고 난 후, 이를 자신의 취지와 목적에 맞게 사용하며 많은 사람들의 다양한 시각을 비판적인 안목으로 수용하는 자세를 키워나가는 것이 어느 때보다 중요한 시대이다. 이런 점에서 전자 게시판에 제시된 여러 의견이나 자료를 접해 보는 것도 중요한 교육적 경험이 될 것이다. 다음은 전자 게시판을 활용하여 한국어 수업을 구성하는 방안에 대해 살펴본다.

2-2. 전자 게시판을 활용한 한국어 교육 방안

앞에서는 전자 게시판이 이메일과 다른 점에 대해 알아보고 한국어 교육에서 전자 게시판을 활용할 경우에 나타날 수 있는 효용성에 대해 살펴보았다. 이번에는 전자 게시판을 활용한 한국어 교육의 실제적인 방안에 대해 검토한다. 먼저 이와 관련된 학습 목표를 알아보면 다음과 같다.

A. 학습 목표

가. 전자 게시판에 올려진 글을 읽고 필자가 글을 통해 전달하고자 하는 핵심 내용을 이해할 수 있다.

나. 전자 게시판에 게재된 글과 관련하여 자신의 견해를 글로 표현할 수 있다.

다. 전자 게시판의 특성을 이해하고 올바른 전자 게시판 사용 예절을 이해할 수 있다.

B. 학습자 한국어 수준

고급

C. 학습 지도안

1. 도 입
• 교내 전자 게시판을 자주 이용하는지 질문한다. • 미리 준비한 전자 게시판 자료를 학습자들에게 보여주면서, 전자 게시판의 편리성과 장점에 대해 질문한다.
2. 활 동
• 교사는 학습자들에게 학교 도서관을 자주 이용하는지 질문한다.

- 교사는 수업과 직접 관련된 전자 게시판 글을 학습자들에게 제시한다.
- 전자 게시판에 글을 올린 필자가 자신의 글을 통해 주장하고자 하는 내용을 학습자들이 이해했는지 점검한다.
- 교사가 학교 도서관 이용 시 불편한 점이나 개선점이 무엇인지 질문하면 학습자들은 이에 대답한다.(전체 활동)
- 학급 전체 활동을 통해서 정리한 내용과 제시된 전자 게시판 글의 내용을 종합하여 학습자 자신의 견해를 총정리한 후에 전자 게시판에 직접 글을 쓰도록 한다.(개별 활동)

3. 마 무 리

- 전자 게시판의 공유성과 공개성을 인식시키고 네티켓을 지키는 표현의 중요성에 대해 정리해 준다.

앞에서 살펴본 학습 지도안과 학습 목표를 근간으로 하여 수업을 구성하면 다음과 같다.

1. 여러분은 우리 대학 전자 게시판을 자주 이용합니까?

2. 전자 게시판이 있어서 편리한 점은 무엇입니까?

3. 여러분은 우리 대학 도서관을 일주일에 몇 번 정도 이용합니까?

◈ 다음은 우리 대학 홈페이지 토론방에 도서관 이용과 관련되어 올라온 글입니다.[26)]

* 도서관 지정 좌석제 누구를 위한 것인가? *

도서관의 자리라는 건 한계가 있기 마련이고, 이용하려는 사람은 많다 보니 여러 가지 묘책을 쏟아내어 보다 효율적인 시스템을 구축하고 도서관을 제대로 사용할 방책을 찾으려 한다는 점에서 도서관 지정 좌석제는 의미있다고 할 것이다. 그런데 이 제도에는 여러 가지 허점도 많다. 일단 도서관에 자신이 원하는 자리를 잡으려면 지정좌석제가 실시되기 이전과 똑같이 아침 일찍 도서관에 와야만 한다. 물론 이것까지 불편한 점이라고 말할 수는 없지만, 자리를 잡아 놓고 나간 사람이 하루 종일 들어오지 않고 필기도구와 책 하나만 달랑 펴 놓은 채 종적을 감추는 일이 허다하다. 이러한 일을 통제하지 못할 바에야 비싼 기계를 도입한 취지가 무색해진다. 그냥 체크 인만 확인하는 방식으로는 자리만 잡아 놓고 사용하지 않는 좌석을 제대로 활용할 수가 없다는 말이다. 그러니 체크 인만 확인할 것이 아니라, 체크 아웃까지도 확인하는 시스템을 도입할 필요가 있다. 요즘은 취업도 쉽지 않고, 대학생들이라면 누구나 성적과 진로에 많은 신경을 쓰는 것이 사실이다. 이러한 상황 속에서 도서관 이용을 위한 보다 효과적인 방법이 마련되어야 하고 이용자들은 서로를 배려하는 마음을 가져야 한다.

4. 위의 글을 올린 사람이 글을 통해 주장하고자 하는 것은 무엇입니까?

5. 우리 대학 도서관 이용 시 불편한 점이나 개선되어야 할 점이 있다면 무엇입니까?

6. 위 전자 게시판 글과 토론한 내용을 중심으로 도서관 이용과 관련하여 여러분 의견을 써서 전자 게시판에 올려보십시오.

☞ 전자 게시판에 글을 쓸 때 주의할 점은 무엇입니까?

-글을 통해 전하고자 하는 내용을 간결한 문장으로 표현합니다.
-문장이나 문단 사이를 넓게 하면 읽을 때에 편합니다.
-전자 게시판은 공개되는 글이기 때문에 예의를 지킨 표현을 사용하는 것이 좋습니다.

7. 전자 게시판을 이용할 때의 예절은 왜 중요할까요?

앞에서 언급하였듯이 전자 게시판을 통해 정보나 의견 교환이 가능해졌기 때문에 이제 우리는 많은 정보를 손쉽게 얻을 수 있고 자신의 필요에 따라 이용할 수 있게 되었다. 바로 전자 게시판의 이러한 장점과 기능을 학습자들이 다시 한 번 깨닫고 전자 게시판을 통해 많은 정보를 얻으며 필요에 따라 적절히 사용하고, 자신을 표현하는 능력을 기르도록 해주는 것 또한 정보사회의 한국어 교육이 책임져야 할 부분이라 생각된다.

3. 블로그[27)]

3-1. 블로그의 개념 및 특성

앞에서 살펴본 바와 같이 정보사회는 획일화, 단일화와는 거리가 멀다. 오히려 다양성과 개성, 자기 표현의 시대라는 말이 정보사회와 어울리는 표현일 것이다. 바로 이런 정보사회의 성향을 가장 잘 드러내 주는 것 중의 하나가 블로그일 것이다. 그렇다면 구체적으로 블로그란 무엇을 의미하는 것일까. 이에 대한 사전적인 의미들을 알아보면 다음과 같다.

> 보통사람들이 자신의 관심사에 따라 자유롭게 글을 올릴 수 있는 웹사이트[28)]

> 복잡한 절차 없이 간단하게 자신의 글과 그림, 사진 등을 인터넷상에 기록할 수 있는 서비스. 인터넷을 의미하는 web과 기록일지를 뜻하는 log의 합성어로 〈인터넷일기장〉이라는 말로도 표현하지만 메모장, 스케치북, 스크랩북, 수필집, 자서전, 사진첩, 신문 등 자신의 관심사에 따라 자유롭게 글을 올릴 수 있는 개인 사이트의 일종이다.[29)]

> 온라인에서 일기장처럼 쓰거나 사진을 올리는 방식으로 자신의 일상을 다른 사람들에게 공개할 수 있는 개인 공간(김인경, 2004: 41)

> 한 개인의 진솔한 목소리나 기억을 웹에 일기 형태로 기록하는 행위나 서비스(김중태, 2004: 510)

위의 인용문을 통해 알아본 결과 블로그는 주로 한 개인이 자신이 관심 있는 주제나 개인적인 기록 혹은 일상을 표현해서 인터넷을 통해 사람들과 함께 공유하고 나눔을 갖는 개인 사이트라고 할 수 있다. 요즘 한국에서

도 블로그를 통한 의사소통과 인맥 관리가 큰 인기를 얻고 있다.[30)]

(단위: %)

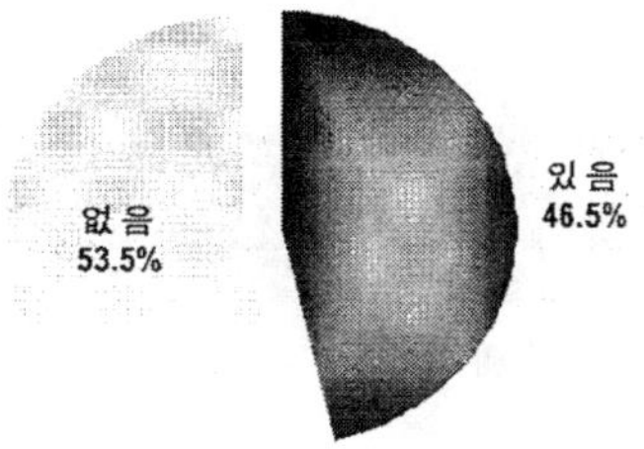

〈그림 15〉 블로그 경험 여부
(한국인터넷진흥원, 2006a: 86)

위의 그림에서 보듯이 인터넷 이용자의 46.5%가 본인 혹은 타인의 블로그를 방문한 경험이 있는 것으로 나타나 블로그의 이용이 높아지고 있음을 알 수 있다. 이와 같이 블로그가 지난 몇 년간 한국에서도 선풍적인 인기를 끌고 있고 점차 그 이용률 또한 높아지는 이유는 그 사용의 용이성과 함께 개인적 성향을 추구하고 표현하고자 하는 현대인의 요구에 알맞기 때문이다.

(단위: %)

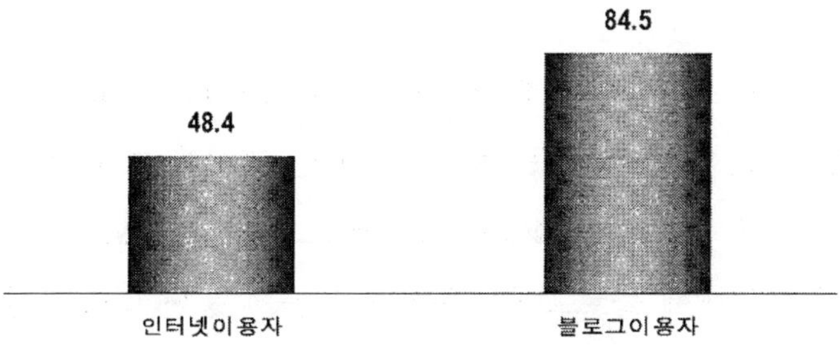

〈그림 16〉 향후 블로그 이용 의사
(한국인터넷진흥원: 2006a: 88)

위의 그림에서 나타난 것처럼 인터넷 이용자의 48.4%, 그리고 블로그 이용자의 84.5%가 앞으로 블로그를 개설하거나 관리할 생각이 있는 것으로 나타나 앞으로도 블로그의 인기는 계속 될 것으로 보인다.

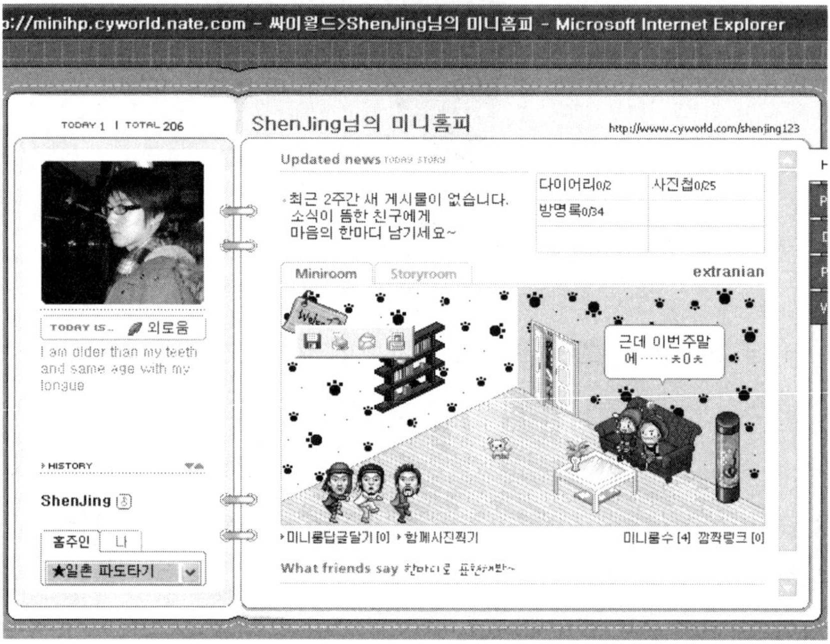

〈그림 17〉 블로그 초기화면[31)]

블로그라는 용어는 1997년 Barger가 www.robotwisdom.com이라는 사이트를 개설하면서 웹로그라는 용어를 사용한 것에서 그 유래를 찾을 수 있다. 그 후 1999년에 Barrett이 '웹로그의 해부(Anatomy of a Weblog)'라는 글에서 블로그라는 용어를 처음 사용한 것으로 알려져 있다. 그리고 블로그가 사람들의 관심을 끌기 시작한 것은 미국의 9.11 테러 사건 때부터이며, 이라크 전쟁으로 인하여 블로그는 전세계적으로 널리 알려지게 되었다. 그 중에서도 '라에드는 어디에?(Where is Raed?)'라는 블로그가 세계적으로 유명해졌고, 이라크 전쟁의 실상을 전한 블로그가 언론의 주목을 받게 되었다. 국내에서는 2001년 12월에 웹로그인코리아(www.wik.ne.kr)가 생기면서 블로그에 대한 관심이 생겨나기 시작하였다.(김중태, 2004: 39-42)

이렇게 블로그에 대한 관심이 높아지고 여러 가지 주제를 다루는 블로그가 생겨나면서 블로그의 종류도 다양해졌다. Blood(2003: 19-25)의 주장에 따르면, 블로그는 단순형, 노트북형, 필터형의 세 가지 유형으로 나누어 볼 수 있다. 먼저 단순 블로그(blogs)는 주로 블로거[32)]의 개인적인 이야기들을 올리는 것으로 대부분의 내용이 개인적이고 글의 길이가 비교적 짧다. 그리고 내용 업데이트가 자주 되는 편이다. 노트북형 블로그(notebooks)는 단순 블로그에 비해 사색적이고 다듬어진 글들을 올리며, 글의 길이가 긴 편이다. 그리고 필터형 블로그(filters)는 깊은 주제를 다루는 경우가 많다. 이 블로그는 특정 주제를 중심으로 이루어져 있으며, 다른 블로그에 비해 뉴스나 출처를 많이 제공한다. 또한 링크가 잘 되어 있다는 점에서 노트북형 블로그와 다르다고 할 수 있다.(김중태, 2004: 485-486, 김고은, 2005: 27)

그리고 김지수(2004: 21-25)는 블로그는 진화적 관점에서 바라보면서 사적 공간 블로그, 미디어 블로그, 모블로그(Moblog)에 대해 언급하고 있다. 먼저 사적 공간 블로그는 주로 개인의 관심사를 기록해 놓은 것이며 일상생활과 연관된 사진을 올리거나 지인들의 안부를 묻는 공간으로 주로 사용되는 경우에 해당된다. 이와는 달리 미디어 블로그는 사적인 글이나 일상적인 부분을 중심으로 블로그가 구성되기보다는, 블로거 개인의 관심사나 어떤 주제에 대한 견해를 피력하거나 혹은 정보를 제공함으로써 미디어적 성격이 더 강한 경우를 말한다. 그리고 모블로그는 "모바일 인터넷 환경에서 블로그를 사용할 수 있도록 해주는 유무선 연동 블로그 서비스"(김지수, 2004: 25)를 의미한다.

한편 블로그는 이를 통해 블로거 자신의 생각이나 관심사를 제시하고 여러 사람들과 나눈다는 점에서 전자 게시판과 유사하다고 볼 수도 있다. 그러나 블로그는 그 기능상 전자 게시판이 지니지 못하는 장점이 있는데 이에 대해 살펴보면 다음과 같다.(김중태, 2004: 497-498)

- 글을 쓰는 사람이 있는 공간에서 글을 작성하여 올릴 수 있다. 작성자는 컴퓨터뿐 아니라 휴대전화로도 자신이 올리고자 하는 내용을 기록한다.
- 일지이므로 '일 대 일' '일 대 소수' '일 대 다'의 커뮤니케이션 구조가 모두 가능하지만, 일반적으로 '일 대 소수'의 구조가 많다.
- 블로그 운영자의 생각이나 느낌을 기록해 두는 것에 목적이 있기 때문에 이전의 기록을 다시 꺼내 기록하기도 한다.
- 최근에 올린 글이나 자료가 먼저 화면에 나타나지만 예전의 기록들도 블로그 운영자에게 기억되며, 그 가치가 상실되지 않는다.

따라서 블로그는 블로그 출현 전에 많이 사용되었던 전자 게시판과는 성격이 다르며, 다음과 같은 특징 및 장점을 가진다고 할 수 있다.(김중태, 2004: 44-60, 507-509, 526, 571, 582)

- 블로그는 일기(일지) 형식을 주로 사용하기 때문에 블로그 운영자 개인의 일상, 느낌, 생각, 경험 등을 주로 기록한다.

- 개인이 글이나 자료를 올리기 때문에 내용이 주관적, 개인적이며 솔직하다.
- 일지 형식이기 때문에 내용이 자주 업데이트된다.
- 다른 매체에 비해 정보 전달의 속도가 더 빠르다고 할 수 있다. 이미 잘 알려진 것처럼 블로그가 세인의 주목을 받게 된 이유는 전쟁과 관련된 소식을 생생하고 빠르게 전달한 것에 기인한다.
- 이전의 개인 홈페이지에 비해 사용하기 편리하다.
- 블로그에 지속적으로 글을 올리면서 자신의 생각이나 느낌 등을 되돌아보고 스스로를 이해하고 깨달아가는 기회를 가질 수 있다.
- 블로그 방문자들과 정보나 자료를 공유할 수 있고, 정서적 유대감을 가질 수 있으며, 네트워크를 형성하는 계기를 마련할 수 있다.
- 글은 물론이고 사진, 동영상, 음악, 이모티콘 등을 활용한 표현이 많이 사용되기 때문에 다감각적인 표현 능력을 길러나갈 수 있다.
- 다른 블로거들의 사이트를 방문하고 서로 상호작용하면서 이를 통한 정보 및 지식 획득이 가능해진다.

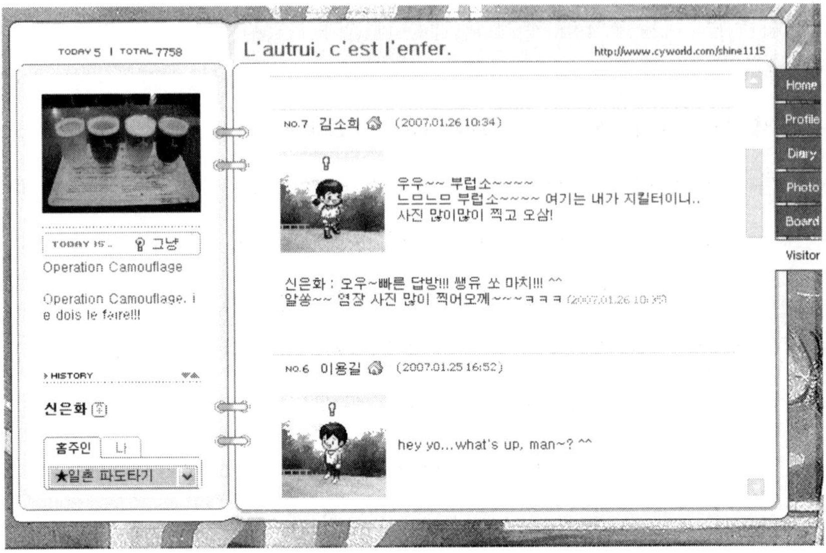

〈그림 18〉 블로그 방명록 부분[33)]

이러한 블로그의 등장과 사용의 증대는 이전 시대에는 상상할 수 없었던 새로운 의사소통 양식의 형성을 초래함은 물론이고 블로그를 통한 정보의 공유와 특색있는 문화 형성을 가능하게 해주고 있다.

앞에서 이미 언급하였듯이 블로그 이용자의 84.5%가 앞으로도 블로그를 이용할 의사가 있는 것만 보더라도 블로그의 인기와 이를 통한 새로운 문화 형성은 지속적으로 이루어질 것으로 보인다. 개인 미디어라는 특성이 강한 블로그의 특성상 앞으로 블로그는 기존 매체가 보여주지 못했던 다양하고, 주관적이며, 감성적인 측면과 섬세한 부분까지를 다루는 문화의 새로운 지평을 여는 도구로써 역할하게 될 것이다. 그리고 블로그를 통한 한 개인의 자기 표현과 기록화를 이루어 나가게 될 것이다. 따라서 한 사람이 가지고 있는 개인적인 지식, 경험, 주장도 하나의 새로운 콘텐츠로써 생산되어 여러 사람들에게 영향을 주는 것이 가능해지며, 이를 통한 개성 있는 전문가의 배출도 생각해 볼 수 있다.(김중태, 2004: 581-582) 그리고 블로거가 자신이 관심을 가지는 분야에 대한 지식이나 견해를 블로그 방문자들과 함께 나누는 과정에서 많은 사람들로부터 공감과 지지를 얻는다면, 블로그 방문자들과의 나눔과 정보 교환 수준을 넘어서 하나의 여론을 형성하는 것도 가능하리라 생각된다.(김지수, 2004: 20)

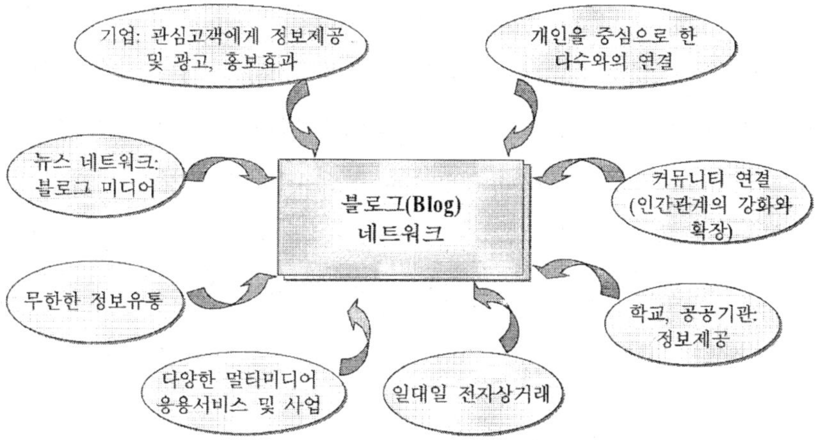

〈그림 19〉 블로그 서비스
(김지수, 2004: 20)

위의 그림에서 보는 것처럼 블로그는 운영자의 목적과 취향에 따라 여러 가지 내용을 담거나 다양한 역할을 할 수 있기 때문에, 새롭고 개인적이며 다양한 기록물을 남기는 것은 물론이고, 여러 용도로 사용되기에 충분하다. 따라서 블로그는 정보사회의 새로운 의사소통 도구로써 그 역할을 담당해 낼 것이 분명하다.[34)]

3-2. 블로그 중심의 한국어 교육에서 고려할 사항

일반적으로 새로운 기술이나 기기가 처음 선보일 때는 거기에 관심이 모아지고 흥분하기도 하지만, 어느 정도 세월이 흘러 해당 기술이 더 정교해지고 세분화되면 그것을 자연스럽게 받아들이기도 한다. 이제 우리 생활에서 이메일, 전자 게시판, 블로그 등은 더 이상 낯설지 않다. 그러나 2, 30년 전만 해도 이를 통한 의사소통은 보편화된 방식이 아니었다. 그만큼 우리 삶은 변화하고 진보한 것이다. 그러므로 교육적 시각에서 새로운 의사소통 방식의 출현으로 인한 변화를 검토하고 그에 따른 효과적인 전달 방식에 대해 고찰하는 것은 의미있는 일이 아닐 수 없다. 특히 앞으로 그 사용역과 기능적 측면에서 더욱 크게 발전해 나가리라 기대되는 블로그를 한국어 교육의 장으로 끌어들여 보다 현실적이고 효과적인 교육을 지향해 나가는 것은 큰 의의를 지닌다고 할 것이다. 이러한 측면에서 블로그를 한국어 교육에 도입할 경우 어떠한 사항을 고려할 필요가 있는지에 대해 알아본다.

(1) 발상의 전환이 요구된다

블로그 작문에 대해 교육하려면 펜 작문에서 하이퍼텍스트 작문[35]으로의 생각과 발상의 전환이 필요하다. 왜냐하면 학습자들이 하이퍼텍스트 작문을 할 때 펜 작문과의 어떤 차이점을 염두에 두고 글을 써야하는지 제대로 인식하거나 이해하기 어려운 점이 있기 때문이다. 따라서 거의 같은 내용의 글을 써서 단순히 종이가 아닌 블로그에 올리는 매체적 차이만을 경험하는 결과를 가져올 수도 있고, 학습자가 펜 작문과는 다른 양상의 글을 올렸다고 하더라도 체계적이고 효과적인 학습을 통한 이해와 쓰기 능력을 활용한 작문 활동을 해나갔다고 보기 힘들다. 그러므로 교사는 하이퍼텍스트 작문과 펜 작문에 대한 명확한 개념을 가지고 있어야 하며, 그 특성에 대해 숙지하고 있어야 한다. 아울러 같은 주제의 글이라도 펜 작문과 하이퍼텍스트 작문이라는 쓰기 환경과 매체에 따라 글의 내용과 구성이 달라질 수 있다는 것에 주목하여 학습자들을 지도해야 한다. 예를 들어 같은 주제라고 하더라도 표현 매체에 따른 특성을 고려한 글을 학습자들이 직접 써보게 하거나, 블로그를 검색하여 하이퍼텍스트 작문의 특성을 찾아내어 발표시키는 방식 등을 사용하도록 한다. 이러한 방식을 통해서 학습자가 하이퍼텍스트 작문의 특성을 이해하고 하이퍼미디어 환경에 알맞은 글을 쓰도록 지도해야 한다.

(2) 콘텐츠의 중요성을 주지시킨다

블로그는 자신의 의견과 생각, 감정, 특성을 드러낼 수 있는 좋은 도구이다. 이러한 블로그에서는 하이퍼텍스트 형식으로 정보를 전달하기 때문에 기존 인쇄 매체와는 다른 글쓰기 방식과 내용 구성을 요한다. 좋은 블로그는 디자인이 잘 되어 있어야 함은 물론이고, 자료를 찾기가 쉬워야 하며, 무엇보다 양질의 콘텐츠를 갖추고 있어야 한다.[36] 이는 청소년 설문 조사 결과에서도 나타났는데, 전체 응답자의 35.4%가 홈페이지에서 콘텐츠가 매우 많이 중요한 것으로 생각했고, 많이 중요한 요소로 생각한 경우는 44.1%에 해당하였다.(국어교육연구소, 2003: 222) 설문 조사 결과 콘텐츠가 중요하다는 답변은 디자인이나 정보 검색보다도 그 중요성이 높게 나타난 것으로, 웹사이트 방문자들이 콘텐츠를 중시 여기고 있다는 것을 단적으로 보여준다.

그러므로 블로그에서 양질의 콘텐츠와 정보를 제공하는 것은 독자가 자신의 블로그를 자주 방문하게 만드는 가장 중요한 요소가 된다. 아울러 이러한 조사 결과는 블로그를 활용한 작문 교육이 비중있게 다루어져야 할 부분임을 의미한다고 할 수 있다.

(3) 읽기 변화에 대응하는 작문 교육이 이루어져야 한다

주지하다시피 컴퓨터 화면으로 글을 읽는 것은 종이로 된 인쇄물을 읽는 것보다 약 25% 정도 속도가 느리다(Price & Price, 2002: 65) 이러한 현상은 대학생을 대상으로 한 면접 결과에서도 잘 드러난다.[37]

> 면접자 : 인터넷상에서 글 읽을 때 콘텐츠나 일기를 보는 거 하고 정보 검색할 때 찾아보는 거하고 종이로 인쇄된 책을 보는 거하고 느낌은 같지 않은 거 같아요. 그래요?
>
> 학생들 : 예. 달라요.
>
> 면접자 : 그러면 종이로 인쇄된 책을 볼 때랑 인터넷상의 콘텐츠를 독자로서 읽을 때랑 어떤 느낌이 들어요? 어떤 건 편하다. 어떤 건 불편하다 이런 거 말이에요.
>
> 여학생 2: 책을 볼 때는 고개를 숙여서 이렇게 보는데 일단 습관이라서 그럴 수도 있지만 편하잖아요. 근데 컴퓨터는 정면으로 봐야 되잖아요.
>
> 여학생 1: 그거는 노트북 같은 거로 각도를 조정할 수 있어요.
>
> 여학생 2: 각도 조절에 한계가 있잖아요.
>
> 여학생 3: 그런 걸 떠나서 저도 불편함을 느꼈거든요. 얼마 전에 읽는 전자 책을 이용했는데 지문으로 보는 거보다 훨씬 피로했어요. 결국 다 인쇄해서 뽑아서 봤거든요. 그런 거 보면 가시적인 효과가 너무 강해서 불편해서 30페이지를 다 인쇄해서 봤는데 그런 책 말고 인터넷 콘텐츠나 쇼핑 몰, 포털

사이트는 그나마 보기 좋게 나눠놔 괜찮은데, 책이나 논문이나 인터넷상에서 보는 건 너무 피로가 심한 것 같아요.

위의 예문에서 보듯이 컴퓨터 화면에서의 읽기는 독자에게 심한 피로감을 주거나 집중력을 약화시키는 경향이 강하다. 때로는 컴퓨터 화면으로 읽는 것이 불편하기 때문에 보고 싶은 내용을 출력해서 읽는 경향을 보이고 있다. 그만큼 컴퓨터 화면에서의 읽기는 독자에게 피로감을 쉽게 일으킨다는 증거가 된다. 또한 강민경(1999: 76)의 워드프로세서 작문 과정에 대한 연구에서도 필자는 자신의 글 전체 구조와 내용 파악에 어려움을 겪기 때문에 초고를 완성하고 출력을 해서 읽어보면서 글을 수정해 나가는 경향이 있는 것으로 드러났다. 따라서 블로그 작문에서는 내용을 읽기 쉽게 편집하고 배치하는 작업이 필요하다.[38)]

또한 하이퍼텍스트 환경에서 독자는 모든 글을 읽어 내려가지 않고 필요한 것만을 취사선택해서 읽는다.(김성해, 2000: 52-57) 따라서 글이 보기 좋고, 읽기 편하다는 인상을 주어야 해당 화면에 독자가 계속 머무를 수 있는 것이다. 이를 위해서는 짧고 간단한 문장과 문단 위주로 글을 작성해야 한다. 그리고 블로그 운영자는 독자들이 자신의 블로그 초기 화면에서부터 모든 글을 읽어 내려가는 것이 아니라는 것을 명심해야 한다. 독자는 다른 사이트에서 정보를 찾다가 자신의 블로그에 접속하게 되는 경우도 많기 때문에, 어느 곳에서 접속을 하든 해당 페이지에 주제와 정확한 정보 등이 없다면 계속 머무르지 않게 된다. 따라서 모든 페이지에 적절하고 의미있는 내용이 들어있어야 한다. 또한 주제문을 문단 앞쪽에 배치하여 각 문단의 내용을 빨리 파악하도록 해 주는 것이 도움이 된다.

또 하나 주의할 것은 컴퓨터 화면은 인쇄된 텍스트를 읽을 때와는 사뭇 다르다는 것이다. 인쇄물은 일정한 크기에 고르게 배열되어 있는 글을 읽어 내려가는 방식을 취하지만, 컴퓨터 화면은 마우스의 움직임에 따라 화면이 이동되고 흘러가는 상황 속에서 글을 읽어야 하는 것이다. 따라서 화면이 계속 흘러서 보이지 않게 되므로 앞에서 어떤 내용을 읽었는지 기억하기 힘들고 다시 추적하는 데에 어려움을 겪을 수 있으며 독자는 자신의 경로를 잊어버릴 수도 있다. 따라서 핵심어를 적절히 배치해 줌으로써 글을 읽어 나가는 독자에게 어느 곳을 선택해서 읽어야 할지를 도와주는 것이 필요하다.

(4) 편집의 중요성을 강조한다

읽기 속도의 둔화와 훑어읽기의 증가, 고정되어 있지 않고 글이 흘러 내려가는 듯한 화면 구성 등으로 컴퓨터 화면을 통한 글읽기는 많은 제약을 지닌다. 다음 응답 내용을 살펴보자.

면접자 : 그러면 개인 홈페이지에 여러 가지 메뉴가 있잖아요. 그리고 항목을 정해 놓고 그에 대한 정보를 보여주고 있잖아요. 자기가 강아지에 관심 있으면 올리고 그러는데, 정보를 먼저 본다는 얘긴데, 내용이 긴 게 훨씬 나아요? 아니면 짧은 게 좋아요? 읽는 입장에서 그 홈페이지에 들어가서 메뉴를 선택해서 읽을 때 콘텐츠가 긴 게 좋아요, 아니면 토막토막 눈에 들어오게 짧게 보기 좋게 해놓은 게 좋아요?

여학생 : 자기가 원하는 게 다 다르지 않나요? 긴 게 유용할 때도 있고 짧은 게 편할 때도 있고. 그런 것 같아요. 리스트 중에 원하는 게 있을 것 같다 그러면 들어 가보고 필요한 거면 꼼꼼히 읽

어보고 그렇지 않으면 다시 나오고.

여학생 1: 저는 자세한 건 좋지만 막 두서없이 글이 늘어져 있으면 머리가 아파서 못 읽겠어요. 자세해도 보기 좋게 되어 있어야 봐요.

남학생 3: 책 같은 형식으로 되어 있으면?

여학생 2: 절대 안 봐요.

여학생 1: 정말 한 줄의 틈도없이 빽빽이 쓰여져 있으면, 읽기 싫어져요.

남학생 1: 커뮤니티에서 제 친구가 띄어쓰기도 안하고 막 썼었어요. 친구들이 답글을 달아서 충고를 하니까 그제서야 형식에 맞게 띄어쓰기를 하고 그러더라고요. 그렇듯이 모든 글이 빽빽하고 눈에 잘 안 들어오게 되면 답답해 하고 잘 안 읽게 돼요.

위의 글은 컴퓨터 모니터로 글을 읽어 내려갈 때의 현상을 잘 보여주고 있다. 이러한 답변은 블로그에 글을 올릴 때 간결하고 눈에 들어오기 쉽게 편집할 필요가 있다는 것을 의미한다. 또한 글 전체와 문단의 길이 등에 있어 펜 작문보다 간결하고 작은 단위로 나누어 놓은 글이 컴퓨터 화면에서 읽기에 용이하다는 것을 암시한다. 따라서 블로그에서의 표현은 이러한 점을 고려한 글쓰기와 배치 및 편집이 필요한 것으로 보인다.

(5) 다양한 표현 방식을 활용한 의사 전달에 유념한다.

2000년대 초반만 해도 블로그는 그다지 대중화 되지 않은 상태였으나 이제는 많은 사람들이 개인의 인맥 관리나 정보 전달 수단으로 사용하는 1인 미디어로 자리 잡아 가고 있다. 블로그의 특성상 클릭만 하면 새로운 블로그로 이동할 수 있으며, 새로운 정보와 친구를 만날 수도 있다. 이러한 상황에서 독자를 사로잡아 다른 사이트로의 잦은 이동을 막으려면, 개성 있고 좋은 내용을 두루 갖춘 글이나 콘텐츠를 올리는 것이 가장 좋은 방법이다. 여기에서 중요한 점은 블로그의 표현이 문자 위주라기보다는 이미지 위주로 이루어진다는 것이다. 따라서 문자뿐 아니라 다양한 감각을 사용한 표현에 신경을 써야 한다.

그러므로 블로그 상에서의 표현은 즉각적이고 동시적인 반응을 보이는 독자에 대한 고려, 컴퓨터 화면을 통한 읽기의 제약을 보완하는 글쓰기, 단순한 문자 위주의 표현에서 탈피하여 이모티콘, 소리, 동화상 등을 활용한 집약적이고, 개성있는 표현 등에 대해 고려해야 한다.

예를 들어서 종이에 시를 쓴다면 그것은 단순히 문자를 사용한 표현이지만, 블로그에 시를 쓴다면, 필자의 시에 아름다운 배경 음악이 들어갈 수도 있고, 그림이나 사진이 첨가될 수도 있으며, 시와 관련된 다른 사이트나 정보 등이 연결될 수도 있다. 아울러 해당 시를 읽은 독자의 의견란을 넣어 독자의 반응을 살피는 동시에 필자와의 빈번하고 긴밀한 상호작용을 도모할 수 있다.

결국 블로그에서는 간결성, 세분성, 명확성, 감각성, 객관성, 정보성, 흥미성, 독자 중심성을 위주로 한 글쓰기가 되도록 유의해야 한다.(김영만, 2003a: 80-89) 이러한 내용을 중심으로 블로그에서의 효과적인 표현을 위한 제안을 살펴보면 다음과 같다.(김영만, 2003b: 145)

a. 펜 작문의 경우보다 텍스트를 짧게 줄인다.
b. 쉬운 어휘를 사용하여 독자의 이해를 돕는다.
c. 간결하고 명확한 문장을 사용한다.
d. 우회적인 표현보다 직접적인 표현을 중심으로 작성한다.

e. 긍정적인 표현을 사용한다.
f. 긴 문단은 여러 개의 작은 문단으로 나눈다.
g. 해당 제목과 글의 내용이 일치하는지 점검한다.
h. 핵심어를 배치한다.
i. 중요한 내용이나 주제문은 문단 앞쪽으로 배치한다.
j. 문단 전개와 배치에 주의를 기울인다.
k. 문장 부호나 이모티콘을 적절하고 효과적으로 사용한다.
l. 글 전체를 역피라미드 형태로 구성, 배치한다.
m. 메뉴의 페이지 수가 다섯 장을 넘지 않도록 조정한다.
n. 내용(contents)이 새롭게 바뀌었다는 것을 눈에 띄는 곳에 알린다.
o. 시각적인 자료를 적절히 활용한다.
p. 많은 정보를 얻을 수 있는 곳이라는 이미지를 준다.
q. 정확한 정보를 제공한다.
r. 신뢰할 수 있는 정보를 제공한다.
s. 내려받기가 용이하며, 짧은 시간에 이루어질 수 있도록 배려한다.
t. 다른 페이지에서 블로그 초기 화면으로의 이동이 용이하도록 구성한다.
u. 주된 독자층의 흥미와 요구 중심으로 내용을 구성한다.

앞에서도 지적하였듯이 하이퍼텍스트 작문은 펜 작문과는 다른 발상과 표현을 요구한다. 따라서 학습자가 쓰고자 하는 내용을 어떤 식으로 배치할 것인가, 어떤 표현 양식을 사용할 것인가 등에 대해서도 생각하도록 도와주어야 한다. 또한 하이퍼텍스트 특성상 다른 사이트와 연결하거나 정보를 가져오는 경우에 정보의 신뢰성, 자료 출처의 명확성 등을 염두에 두어야 하므로, 펜 작문에서 다루지 않는 블로그 표현의 특성을 학습 목표에 반영해야 한다.

(6) 풍부하고 신뢰할 수 있는 정보를 제공한다

웹 사이트 방문자들은 자신이 선택한 페이지에서 기대하는 정보를 얻을 수 있을지에 관심이 높다. 따라서 블로그에서는 다양하고 풍부한 정보를 제공해 주는 것이 필요하다. 이는 청소년 설문 조사에서도 나타난 것으로, 초기 화면에서 두 번째 화면으로 넘어가는 주된 이유 중에서 '더 자세한 정보를 얻고 싶어서'가 1위를 차지하였다.(국어교육연구소, 2003: 18) 따라서 블로그 개설자는 풍부한 정보 제공과 함께 그 내용에 있어 정확성과 신뢰성을 확보해야 한다. 또한 블로그 방문자들은 자신이 접속한 페이지에서 정보 이외의 것도 얻어가고자 한다. 그것은 흥미일 수도 있고, 자신이 원하는 관계 형성이나 지속일 수도 있다. 따라서 블로그 콘텐츠는 재미와 흥미, 관심사를 공유하는 방향으로 나아가야 한다.

〈그림 20〉 블로그 사진첩 부분[39]

(7) 블로거 간의 상호작용을 염두에 둔다.

가상공간에서의 활동이 눈에 보이지 않는 것이기는 하지만 이를 통한 만남과 대화가 단순히 일회성에 그치는 경우보다는, 나중에 필요한 정보나 도움을 받을 수 있고 자신의 글이나 사람들과의 접촉이 가상공동체에 긍정적인 영향을 끼치고 있다는 느낌을 받는 것이 가상공간에서의 상호작용에 긍정적인 요소로 작용한다.(박수호, 2003: 3) 이러한 내용을 중심으로 생각해 볼 때에, 컴퓨터 이용자들이 가상공간에서 정보만 채집하는 것이 아니라 긍정적인 관계 형성과 유대감에 대해 많은 관심을 지니고 있음을 알 수 있다.

특히 블로그는 필자와 독자의 상호작용이 다른 의사소통 도구에 비해 더욱 빈번하고 긴밀한 것으로 보인다. 누구나 자신의 의견을 낼 수 있고, 그 의견이 받아들여지면 기존의 텍스트에 변형을 가하는 것이 가능하며 필자와 독자 사이의 긴밀한 유대와 연결이 가능하기 때문에, 담화 공동체 안에서의 상호작용은 중요한 문제로 부각될 수밖에 없다. 이제는 일기를 블로그에 올리고 지인들과 함께 나누며 공개된 일기를 읽어본 사람들은 이에 대해 적절한 반응을 보이면서 즐기는 시대이다. 개방성과 가변성은 더 이상 새로운 것이 아니라 일반적인 현상이다. 따라서 블로그를 통한 표현에서는 독자와의 관계 형성, 빈번하고 긴밀한 상호작용 등이 충분히 고려되어야 한다. 블로그 중심의 의사소통은 단선적이고 정적인 활동이 아니라 살아 움직이는 역동적이고 참여적이고 창조적인 활동[40]이기 때문에, 이러한 환경에 대한 이해를 바탕으로 학습자 자신의 의견을 맥락과 상황에 알맞게 표현할 수 있도록 지도해야 한다.

(8) 새로운 문화에 대한 이해와 체험이 가능하도록 유도한다.

언어는 해당 언어를 사용하는 사람들이 속한 사회와 문화를 반영한다. 따라서 우리는 언어를 통해 해당 문화를 엿볼 수 있고, 문화를 이해하는 것은 언어에 대한 이해와 학습에 중요한 요소로 작용한다. 특히 컴퓨터 통신의 발달은 이모티콘, 아바타 등의 새로운 표현 기법과 신조어 등을 만들어 내고 있고, 일부는 상업 광고 등에 사용되기도 한다. 하이퍼텍스트를 통한 표현은 속도성, 흥미성, 축약성 등을 특징으로 하는 새로운 표현과 문화를 만들어내고 있다. 그리고 홈페이지나 블로그, 카페 등을 통한 또래 집단의 형성과 이를 통한 공감대 형성은 가상공간을 통한 새로운 유대감 형성과 독특하고 개성이 넘치는 새로운 문화를 창출해내고 있다.

개성, 나만이 가지고 있는 독특함을 추구하는 블로그 문화는 학습자들에게 새로운 학습의 장(場)이 되어줄 뿐 아니라, 블로그를 통해 새롭게 생겨나는 문화를 직접 경험하고 느낄 수 있는 기회를 제공해 준다. 아울러 이러한 특성들은 학습자의 필요나 흥미를 고려하는 이점이 있고, 실제적인 의사소통을 반영한다는 점에서 요즘의 한국어 교육 방향과도 일치한다.

정보사회의 특징 중에서 빼놓을 수 없는 것이 바로 속도와 변화일 것이다. 변화와 개성을 추구하는 사회적 현실을 예의주시하고 학습자의 흥미, 필요, 사고 및 가치 체계의 변화에 발빠르게 대응해 나갈 때에 보다 실제적이고 효과적인 교육이 이루어질 수 있다. 다음에는 블로그를 활용하여 일기를 쓰고 표현하는 방법에 대해 알아본다.

3-3. 블로그를 활용한 한국어 교육 방안 1

앞에서는 블로그를 활용하여 표현 교육을 할 때에 유념해야 할 사항들에 대해 알아보았다. 이번에는 이 내용을 참고하여 블로그에서 표현 교육을 하는 구체적인 방안에 대해 고찰해 나간다. 먼저 블로그에 일기를 작성하여 올릴 경우, 아래와 같은 학습 목표를 선정해 볼 수 있다.

A. 학습 목표

가. 표현하고자 하는 매체에 따라 일기의 작성 방식이나 표현에 차이가 있음을 알 수 있다.

나. 블로그 표현의 특성에 대한 이해를 바탕으로 일기를 작성해서 올릴 수 있다.

다. 블로그를 통한 새로운 표현과 문화를 이해하고 수용할 수 있다.

B. 학습자 한국어 수준

초급 또는 중급

C. 학습 지도안

1. 도 입

• 학습자들에게 일기를 자주 쓰는지 질문한다. • 일기장 일기와 블로그 일기 중에서 어느 것을 더 많이 이용하는지 질문한다. • 준비한 블로그 일기 자료를 보여준다.
2. 활 동
• 학습자는 블로그 일기 작성을 위한 효과적인 표현 방법에 대해 이야기한다. • 학습자들의 발표가 끝나면 교사는 블로그 상에서의 효과적인 일기 표현에 대해 정리해 준다. • 학습자가 직접 일기를 작성하여 블로그에 올린다.(개별 활동) • 여러 친구의 블로그를 방문하여 일기를 읽어본 후 잘 작성된 글을 선정하고 선정한 이유를 발표한다.(소그룹 활동/ 개별 활동)
3. 마 무 리
• 블로그에서의 효과적인 일기 표현에 대해 다시 한 번 정리해 준다.

앞에서도 언급하였듯이 같은 주제의 글을 쓰더라도 표현 매체에 따라서 내용이나 표현 방법이 달라져야 한다. 종이 위에 표현하는 것은 문자 위주의 표현이고 시각적인 읽기에 주로 의존한 표현 방식이다. 그러나 블로그에서는 보다 다양한 감각을 사용한 표현이 가능하기 때문에 문자에 소리나 영상을 더해주어 그 느낌을 보다 정확하고 풍부하게 전달할 수 있게 된다.[41] 그리고 블로그를 통한 표현은 단순히 필자의 의사나 감정을 표현하는 것을 넘어서서 독자와 공감하고 나누는 성향이 강하기 때문에 이에 대한 고려가 충분히 이루어져야 한다.

따라서 이와 관련된 수업을 진행할 경우, 교사는 블로그에 올라와 있는 일기를 참고 자료로 제시하면서 학생들에게 블로그에 일기를 자주 쓰는지, 어떤 매체를 사용해서 일기를 쓰는 것을 선호하는지 질문한다. 이를 통해서 학습자들이 수업에 흥미를 가지게 하고, 수업 내용에 주목하도록 유도한다. 그리고 교사는 학습자들에게 블로그 일기 자료를 제시하고 효과적인 블로그 일기 표현 방법에 대한 생각을 발표하도록 도와준다. 교사는 같은 종류의 글이라고 해도 표현하고자 하는 매체에 따라 그 표현 방식이 달라질 수 있다는 것을 학습자들에게 주지시키고, 표현 매체에 따른 보다 효과적인 표현과 의사소통에 대해 알려준다. 따라서 이 부분에서 교사는 일반 작문과 하이퍼텍스트 작문의 차이[42]를 학습자들에게 설명하고, 하이퍼텍스트 독자들이 문자 위주의 표현보다는 다양한 표현을 선호한다는 것을 알려준다.

이러한 설명과 정리가 끝난 후에 교사는 학습자들이 블로그에 직접 글을 써보도록 유도함으로써 학습한 내용을 실제적으로 작성하고 표현할 수 있는 기회를 제공한다. 이러한 과정 속에서 하이퍼텍스트를 통한 표현이 구체적으로 현실화되도록 도와주고, 학습 내용을 실제적 상황에서 적용할 수 있도록 해준다. 일기를 작성하여 블로그에 올리고 난 후에, 교사는 학습자들에게 다른 학습자들이 쓴 글을 둘러보고 어떤 표현이 효과적이고 흥미로웠는지 평가하는 기회를 주어, 앞에서 학습한 내용들을 다시 한번 정리하고 점검할 수 있도록 해 준다. 이러한 내용을 바탕으로 한 수업 구성의 예를 살펴보면 다음과 같다.

1. 여러분은 일기를 자주 씁니까? 일기장에 쓰는 일기와 블로그에 쓰는 일기 중에서 어떤 것을 더 많이 이용합니까?[43)]

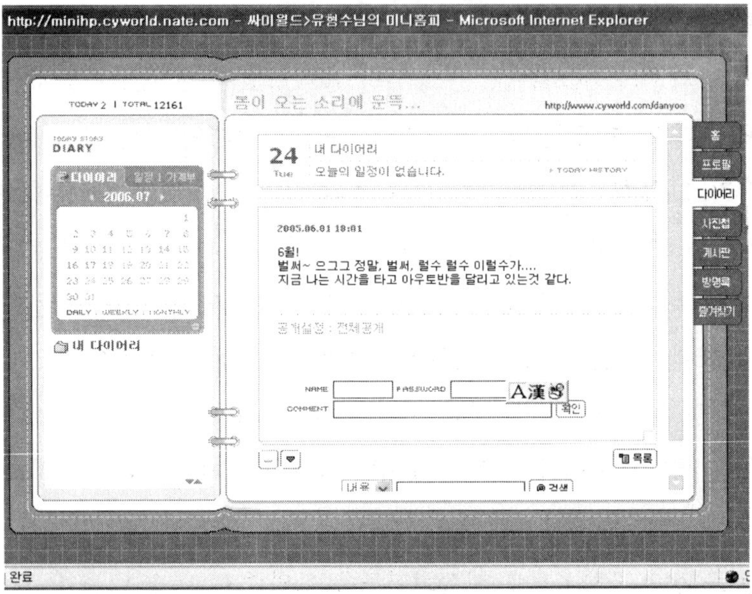

2. 블로그에 일기를 쓸 때 효과적인 표현을 하려면 어떻게 해야 할까요? 여러분의 의견을 발표해 봅시다.

☞ 다음 내용을 중심으로 생각을 정리해서 발표합시다.

- 일기 소재
- 내 일기를 친구들이 많이 읽어보도록 하기 위한 효과적인 표현이나 방법
- 일기와 관련해서 제공하고자 하는 정보

> 3. 앞서 토론한 효과적인 블로그 일기 쓰기를 참고하여 블로그에 일기를 올려 봅시다.
>
> 4. 친구의 블로그를 방문하여 일기를 읽어보고 효과적이고 재미있게 표현한 것을 선정해 봅시다. 그리고 선정한 이유에 대해서 이야기해 봅시다.

앞에서 설명한 것처럼 블로그는 운영자의 흥미, 목적 등에 따라 다양하게 운용되고 활용될 수 있는 장점이 있다. 그러므로 개인의 크고 작은 경험이나 관심사에 대한 정보와 자료들도 다른 블로거들에게 재미와 유익함을 제공해 줄 수 있다. 또한 그러한 나눔의 과정에서 새로운 인간 관계가 형성되기도 한다. 다음에는 개인의 여행 경험을 바탕으로 한 글이나 정보를 블로그를 통해 나누는 방안에 대해 고찰한다.

3-4. 블로그를 활용한 한국어 교육 방안 2[44)]

앞에서는 블로그 표현의 특색과 원리를 검토하여 블로그 쓰기 교육의 기초로 삼았다. 이번에는 이 내용을 참고로 하여 쓰기 교육에 실제적으로 적용해 나가는 방안에 대해 살펴본다. 먼저 블로그 기행문과 관련된 수업을 구성할 때에 다음과 같은 학습 목표를 선정할 수 있다.

A. 학습 목표

가. 작문 환경과 매체에 따라 기행문 작성과 표현에 차이가 있음을 알 수 있다.

나. 블로그 기행문의 특성을 이해하고 올바르고 효과적인 표현을 사용할 수 있다.

다. 기행문과 관련하여 정확하고 객관적인 정보를 제공할 수 있다.

라. 블로그 기행문을 통해 알게 된 여러 가지 정보와 문화를 공동체 구성원과 공유할 수 있다.

B. 학습자 한국어 수준

고급

C. 학습 지도안

1. 도 입
• 학습자들에게 블로그에서 기행문을 읽어 보거나 직접 써 본 일이 있는지 질문한다. • 준비한 블로그 기행문 자료를 제시한다.
2. 활 동
• 교사는 학습자들이 미리 준비된 블로그 기행문 자료를 읽어보면서 일반 기행문과 어떤 차이가 있는지 생각해 보도록 유도한다. • 학습자는 기행문 자료를 검토하면서 일반 기행문과 블로그 기행문의 차이에 대해 발표한다. • 교사는 학습자들의 발표 내용을 정리해 주고, 블로그 상에서의 효과적인 기행문 표현에 대해 설명해 준다. • 학습자가 직접 기행문을 작성하여 블로그에 올린다.(개별 활동/소그룹 활동) • 여러 친구의 블로그를 방문하여 기행문을 읽어본 후 잘 작성된 글을

선정하고 선정한 이유를 발표한다.(그룹 활동) • 선정된 기행문을 쓴 친구의 블로그를 방문하여 덧글을 남긴다.(개별 활동)
3. 마 무 리
• 블로그에서의 올바르고 정확한 정보 제공 및 공유의 의미에 대해 다시 한번 주지시킨다.

앞서 살펴본 것처럼 하이퍼텍스트 작문에서는 필자의 글쓰기 태도가 다르고 글을 써 나가는 과정도 다르다. 그리고 표현에 있어서도 축약이나 생략이 잦으며 문자 이외의 요소들을 이용한 표현이 가능하다. 그리고 블로그는 다른 블로그와 연결되어 있는 것이 특징이기 때문에 다른 곳에서 글이나 자료를 가져올 수 있으므로 제공하는 정보나 자료의 출처를 밝혀 주는 것도 필요하다. 따라서 이러한 부분이 학습 목표나 수업에 포함되도록 해야 한다.

따라서 수업을 진행할 때에는 학생들이 블로그 기행문과 일반 기행문의 차이가 무엇인지 생각해 볼 수 있는 내용을 포함시키는 것이 좋다. 교사는 학생들이 블로그 기행문과 일반 기행문의 차이를 이해하도록 블로그를 탐색할 기회를 줄 수도 있고, 서로 토론하여 차이를 알아보도록 할 수도 있다. 교사는 학생들이 탐색하고 알아낸 내용을 수업에 반영하며, 부족한 부분을 보충해 주어 블로그 기행문을 직접 작성하는 데에 필요한 내용을 정리해준다. 이 단계가 끝나면 학생들이 블로그 기행문을 작성해 보고 직접 블로그에 올리는 작업을 마치도록 도와준다. 학생들이 기행문을 모두 블로그에 올린 후에는 블로그 기행문에 대한 평가를 통해서 하이퍼텍스트 작문의 특성을 다시 한 번 알려준다. 이러한 내용을 바탕으로 한 블로그 기행문 중심의 쓰기 교육 내용을 살펴보면 다음과 같다.

1. 블로그에서 기행문을 읽어 보았거나 실제로 써 본 경험이 있습니까?[45)]

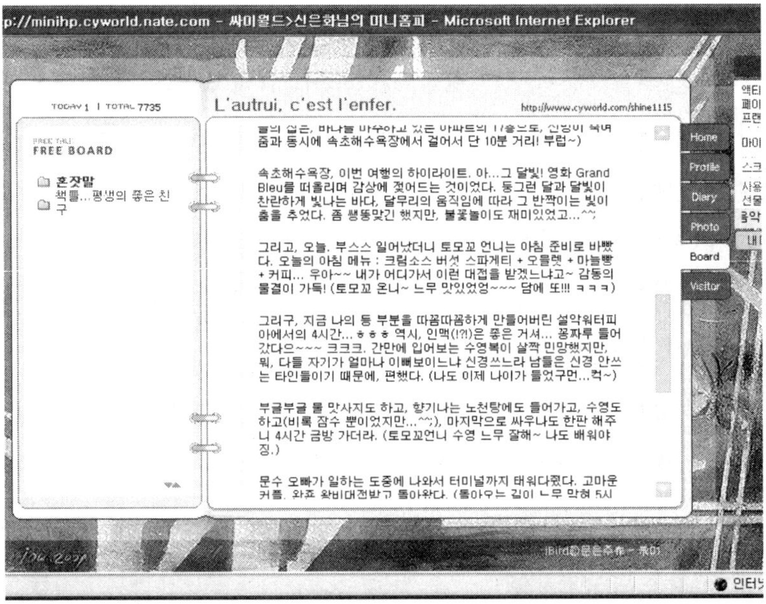

2. 블로그를 방문하여 기행문을 읽어봅시다. 일반 기행문과 블로그 기행문은 글의 구성이나 내용에서 어떤 점이 다른지 이야기해 봅시다.

3. 블로그 기행문 작성의 특성을 중심으로 기행문을 써서 올려봅시다.

☞ 기행문 작성 시 유의할 점

- 문장이 지나치게 길지 않은가?
- 문단의 길이가 적당한가?
- 효과적인 표현을 위해 문자 이외에 무엇을 사용해서 표현할 것인가?
- 기행문과 관련해서 제공할 정보가 있는가?

4. 완성된 기행문을 읽어보고, 좋은 구성과 내용을 가진 기행문을 선정해 봅시다. 그리고 선정 이유에 대해 의견을 나누어 봅시다. 아울러 좋은 기행문을 쓴 친구의 블로그를 방문해서 소감을 남겨 봅시다.

4. 인터넷 신문[46)]

인터넷과 컴퓨터의 보급은 우리 생활에 많은 변화와 발전을 가져다 주고 있다. 업무나 지인 간에 소식을 전하는 도구로 사용되는 이메일, 자신의 관심사를 전하고 인맥 형성과 관리를 도와주는 블로그 등은 우리 삶에 많은 편리함을 주며, 새로운 흥미와 정보 산출의 통로 역할을 해주고 있다. 또한 인터넷을 통한 의료, 법률 서비스, 상업적 거래, 토론 문화 등은 이제 우리에게 전혀 낯설지 않은 삶의 한 부분으로 자리잡아 가고 있다. 그리고 이러한 시대적 변화는 삶의 양식에 대한 변화만을 의미하는 것이 아니라, 교육 방법과 시각에서도 새로운 시도와 접근을 요구한다. 교육과 삶이 따로 분리될 수 없고, 지식의 이해가 삶과 연계되는 것에 초점을 둔 요즘의 교육 풍토 속에서 새로운 의사소통의 변화에 대한 올바른 이해와 적용은 교사와 연구자들이 해결해야 할 과제인 것이다.

그러나 막상 외국어로서의 한국어 교육 분야에서는 이러한 시대적 변화에 대해 그다지 발 빠르게 움직여왔다고 보기에는 아직까지 미흡한 부분이 많은 것으로 생각된다. 이러한 관점에서 인터넷과 컴퓨터의 보급으로 생겨난 인터넷 신문의 특성에 대한 고찰을 바탕으로, 인터넷 신문을 활용한 한국어 수업 구성 방안에 대해 살펴본다.

4-1. 인터넷 신문의 개념 및 특징

인터넷 신문은 인터넷을 매체로 하여 제공되는 신문으로, 온라인 신문, 전자 신문 등으로 불리기도 한다. 좀 더 자세히 설명하자면 인터넷 신문이란 "정치, 경제, 사회, 문화, 시사 등에 관한 보도, 논평 및 여론 등을 전파하기 위한 목적으로 인터넷이라는 가상공간을 통해 전문적으로 정보를 제공하는 온라인 미디어"를 말한다.(최영·김병철, 2000: 177)

이러한 인터넷 신문은 종속형과 독립형으로 나누어 생각해 볼 수 있다. 먼저 오프라인 종속형은 기존 신문사의 기사나 정보, 뉴스 등을 온라인을 통해서도 전달하는 경우를 말한다. 이와 달리 독립형 인터넷 신문은 웹 사이트를 통해서 기사나 뉴스를 전하는 체제를 갖춘 경우이

다.(김동규, 2001: 92-97)

지금은 전세계적으로 많은 수의 인터넷 신문이 존재하지만, 세계 최초로 인터넷 신문 서비스를 시작한 곳은 1992년에 태동된 미국의 Chicago Tribune지이다.(윤세민, 2001: 71) 우리나라의 경우, 종속형 인터넷 신문을 처음으로 시작한 곳은 중앙일보로 1995년 3월에 인터넷 신문을 창간하였다.(김익현, 2002: 9) 그 외에도 디지틀조선, 조인스, 동아닷컴 등이 오프라인 종속형에 속한다.

또한 최초의 독립형 인터넷 신문은 1998년에 시작한 딴지일보이며, 개성있는 내용으로 네티즌들에게 큰 인기와 관심을 모으기도 하였다.(김익현, 2002: 9) 그밖에 오마이뉴스, 이데일리 혹은 인터넷 가족 신문 같은 경우를 독립형으로 분류할 수 있다.(박성호, 2002: 93) 이러한 인터넷 신문은 기존 신문이 지니지 못하는 여러 가지 장점을 지니는데, 이에 대해 살펴보면 다음과 같다.[47]

〈표 12〉 기존 신문과 인터넷 신문의 비교

구분	기존 인쇄 신문	인터넷 신문
소비 주체	구독자(정기/일시)	인터넷 이용자
기사의 수용 형태	일방적 뉴스 전달	쌍방적 맞춤 뉴스
기사의 생산자	엘리트 기자	기자 + 일반 독자(네티즌)
기사의 형태	텍스트 중심	텍스트, 음성, 동영상 중심
기사의 상품 가치	1회용 소비 상품	정보로서 가치 유지
사용 후 가치	거의 없음	부가가치 창출

판매 가능 시간	발행 주기 (1일, 일주일) 한정	시간 제한 없음
기사의 신뢰도	높다	낮다
시장 진입 장벽	높다	낮다
법적 지위	언론 기관	인터넷 사업체 (언론으로 인정)
수익 구조	구독료 + 광고료 + 기타	회비 + 광고료 + 전자 상거래 + 라이센스 + 부가 서비스 등

(박성호, 2002: 104)

첫째, 인터넷 신문의 속보성이다. 기존 신문은 기사를 취재하고 작성하여 인쇄를 마친 후 독자들에게 배포하는 과정을 거쳐야 하므로 기사가 접수되어 신문으로 완성되어 나오는 과정까지 긴 시간이 필요하지만 인터넷 신문은 인쇄와 배달에 시간을 들이지 않아도 되므로 기존 신문이 지니지 못하는 빠르고 생생한 뉴스나 정보 전달이 가능하다. 그리고 인터넷 접속만 가능하다면 언제 어디서든지 기사 검색을 할 수 있다. 아울러 인터넷 신문은 지면의 제약을 받지 아니하므로 보다 풍부한 콘텐츠를 제공할 수 있다.

〈표 13〉 인터넷 신문 콘텐츠 구성 분석(동아닷컴)

뉴스	News Magazine Money & Biz	-정치, 사회, 국제, 피플&칼럼, 동일네트, 기타 뉴스 -주간동아, 신동아, 여성동아 -동아일보 경제뉴스, 증권, 금융, 부동산, 시세 동향

	IT	-전체기사, KRG 리포트 -Breaking News, 사이언스, 플라자
각종 생활정보	Life	-Boooks, Clinic, 교육, Food, Travel
엔터테인먼트	Enjoy Sports	-Music box, Cinezone, Game, Cartoon, TV연예, 바둑세상 -축구, 야구, 농구, 골프, 기타스포츠
커뮤니티	커뮤니티 동아	-Free Mail, Free Home, Chatting, 회원가입, 회원정보 수정, 비밀번호확인
e-커머스	쇼핑	-뉴스, 소비자 리뷰, 공동구매, 가격비교

(윤세민, 2001: 145)

위의 표에서 보듯이 인터넷 신문의 경우는 기사나 정보의 양과 분야가 인쇄 신문에 비해 다양하고 풍부하다. 다음은 한국i닷컴의 경우이다.

〈표 14〉 인터넷 신문 콘텐츠 구성 분석(한국i닷컴)

뉴스	한국i뉴스 Plus News 기타매체	-한국일보, 정치, 경제, 사회, 문화과학, 스포츠, 국제 오피니언 -기획특집, 사설칼럼, 사람들, 포토뉴스, 만평 한국i리포트, PDF 서비스, 지난 사이트 보기 -주간한국, 점자신문
각종 생활정보	Business Life & Leisure	-Stocki, 인터넷정보, 통신, 구인구직, 글로벌리더, 부동산창업, 도메인검색/등록, 한국i개인, 신용정보, 컨슈머가이드 -여행레저, 우먼hk, 건강, Book, 생활영어 한국i보험정보, 날씨, 옐로우페이지, 경품정보, 쿠폰세상, 유학뉴스, 인테리어, 레포츠클럽, 맛의 명가

엔터테인먼트	Entertainment	-쎄네트, 뮤직, 스타스토리, 동영상인터뷰, 만화, 연재소설, 바둑, 낱말퀴즈, 유머, 운세, Game Zone, 한국i복권, 문화캘린더
커뮤니티	Community	-정보동호쇠, 사진정보동, 시민기자단, 보도자료실, 한국i클럽, 여론마당, 토론마당, 한국i Poll, 온라인서명, 한국i장터
e-커머스	e-카드 서비스 쇼핑몰	-service mall, special mall, for customer

(윤세민, 2001: 146)

위의 표에 나타난 것처럼 한국i닷컴은 더 상세한 분야로 나누어 정보와 기사를 전하고 있다. 이러한 인터넷 신문의 구성 요소들은 단순히 몇 개의 하위 분야로 나누느냐에 초점을 두기보다는 인쇄 신문에 비해 그 구성과 내용이 다양해지고 독자를 위해 많은 것을 새롭게 제공한다는 데에서 더 큰 의의가 있다고 보아야 할 것이다. 이렇게 인터넷 신문을 통해서 독자들은 여러 가지 콘텐츠를 대할 수 있으며 스스로의 참여를 통해 운영되는 여러 커뮤니티에도 가입하여 나름대로의 활동을 할 수도 있다.

둘째, 경제성이다. 앞에서 지적한 대로 인터넷 신문은 기사가 작성되면 곧바로 인터넷을 통해 공개되기 때문에 인쇄와 배포를 위해 소요되는 시간과 물자 등을 줄일 수 있다.

셋째, 저장성이다. 인쇄 신문은 매번 발행되는 지면을 고려하여 기사를 실을 수밖에 없지만 인터넷 신문은 이러한 지면상의 한계를 극복할 수 있는 장점이 있다. 아울러 많은 기사를 계속 보존하고 다시 찾아볼 수 있는 것이 가능하기 때문에 보존성이 뛰어나다. 그리고 인터넷 신문에서 제공한 기사나 자료와 관련된 사항을 다시 연결하는 것도 가능하기 때문에 독자는 풍부한 자료를 대할 수 있다.

넷째, 멀티미디어성이다. 인터넷의 특성상 문자 위주의 기사 전달 방식을 넘어서 이미지, 소리, 그래픽 등의 여타 자료를 함께 올릴 수 있기 때문에 보다 생생하고 세밀한 전달이 가능하다.

다섯째, 독자와의 상호작용성이다. 인쇄 신문의 경우는 신문사에서 제공하는 기사를 읽고 이해하는 것이 독자의 주된 역할이었다고 해도 과언이 아니다. 그러나 인터넷 신문은 독자가 직접 참여하고 자신의 의견을 낼 수 있는 부분이 많아졌기 때문에 독자와 필자간의 상호작용이 가능하며, 그 권한이 크게 강화되었다고 할 수 있다.

〈표 15〉 인터넷 신문과 인쇄 신문의 수용자 비교

	인터넷 신문	인쇄 신문
소비주체	개인(이용자)	대중(수용자)
소비행위	선택적 소비	일방적 소비
생산과정참여 가능	많음	적음
운동형태	사전적극 대응	사후비판적 대응

(김도운, 2002: 22)

다시 말해서 인터넷 신문의 구성상 이메일, 채팅룸, 온라인 투표 및 설문조사, 토론 및 포럼, 전자 게시판, 독자 투고 및 제보, 네티즌 리포트와 같은 영역들이 독자들의 활동과 참여를 유도할 수 있는 부분이며,(윤세민, 2001: 121-123) 이는 기존 신문이 지니지 못하는 새로운 영역으로 인식된다.

〈표 16〉 인터넷신문의 커뮤니티 현황(디지틀조선일보)

이용자간	이용자와 기자간	이용자와 언론사간	이용자와 전문가간
이슈bbs	기자클럽	기사제보	Health, 상담실
휴먼bbs	이메일클럽	독자투고	통달인 클럽
독자bbs	스페셜클럽		스페셜 클럽
스포츠클럽			법률상담
테마클럽			
테마별 게시판			
네티즌 발언대			

(윤세민, 2001: 151)

위의 표에서 보듯이 인터넷 신문의 커뮤니티에서는 이용자 간, 이용자와 기자 간, 이용자와 전문기간 등과의 의사교환이 이루어질 수 있으므로 독자는 그만큼 자신의 목소리를 낼 수 있는 기회와 권리를 더 가지게 된 셈이다.

여섯째, 인터넷 신문은 부가서비스 기능을 갖추고 있다. 앞에서도 언급하였듯이 인터넷 신문은 독자의 구미와 요구를 파악하고 그에 맞는 내용들을 제공하는 경우가 많다. 따라서 독자에게 단순한 정보나 새로운 소식을 전달하는 차원이 아닌 독자의 의견, 오락, 흥미를 고려한 콘텐츠도 제공한다. 바로 이러한 부분은 인쇄 신문의 지면상의 제약을 극복한 인터넷 신문의 또 다른 장점이 될 것이다.

〈표 17〉 인터넷신문 부가서비스 현황

	경향	국민	동아	문화	서울	세계	전자	조선	중앙	한겨레	한국
기사검색	O	O	O	O	O	O	O	O	O	O	O
맞춤뉴스	O		O	O					O		
사진검색·제공	O			O	O			O			
부동산	O	O	O					O		O	O
병원·의학상담	O	O	O						O		
벼룩시장 연결		O							O		
쇼핑몰 운영	O		O		O				O		
대화방·토론장	O		O		O					O	
증권·금융정보	O	O	O	O	O	O	O	O	O	O	O
인물정보	O		O	O	O		O	O	O		
취업정보	O	O	O	O	O		O	O	O	O	O
자동차·컴퓨터 등 상품정보		O	O								
바둑·게임·퀴즈·사주	O	O	O		O			O	O	O	O
외국어		O	O	O	O		O	O	O	O	
여행·레저		O	O	O							O
영화	O	O	O				O	O	O		
음악파일·동영상			O		O			O			
유학정보		O						O	O		
추천사이트		O	O		O		O	O		O	
이메일제공									O	O	
영어뉴스							O	O	O		

(계정림, 1999: 65)

위의 표에서 보듯이 인터넷 신문은 나름대로 부가서비스 기능을 갖추어 독자들이 단순히 기사를 읽거나 정보를 얻는 것에서 탈피하여 인터넷 신문을 통한 참여와 즐거움도 제공하고 있다. 바로 이러한 점이 기존 신문과의 차이점이며 앞으로 이런 부분에서 인터넷 신문이 더욱 차별화 전략을 세워나가야 할 것으로 생각된다.

4-2. 한국어 교육에서 인터넷 신문 활용의 효용성

인터넷의 발달은 분명 우리 삶에 많은 변화와 편리함을 제공해 주고 있다. 인터넷 신문을 통해 더 빠르고, 더 정확하고, 더 많은 정보를 수용하고 누릴 수 있는 시대에 살고 있다면, 교육적 시각에서 새롭게 바라보고 이를 어떻게 수용하고 활용할 것인가를 고민해 보아야 한다. 이러한 새로운 도구의 특성과 장점에 대해 이해하고 이를 한국어 수업에서 활용할 때에 시대적 변화에 부응하는 한국어 교육을 이룰 수 있을 뿐 아니라, 기존 인쇄 교과서가 지니는 한계를 넘어선 교육이 이루어질 수 있을 것으로 생각되며, 구체적으로 다음과 같은 효용성을 갖는다고 할 수 있다.

첫째, 인터넷 신문을 활용한 수업의 경우에는 기존 인쇄 신문을 활용한 수업보다 풍부한 자료와 정보 제공이 가능해진다. 인쇄 신문의 경우에는 일반적으로 한 가지 주제에 대해 한 가지 견해나 기사를 다루게 되지만, 인터넷 신문의 경우에는 여러 기사와 의견을 접해 보는 것이 용이하기 때문에, 학습자들에게 다양한 시각과 의견을 접할 수 있도록 해준다는 것이 큰 장점이 된다. 또한 여러 가지 의견을 접하면서 자신에게 필요한 정보나 견해를 취사선택할 수 있기 때문에, 정보사회에서 필요한 정보 탐색과 정보 조직 및 창출의 기회를 제공하는 이점이 있다.

둘째, 현장감 높은 생생한 교육이 이루어질 수 있다. 한 가지 주제에 대한 네티즌들의 의견을 직접 대할 수 있어서 다양한 시각을 접할 수 있고, 현재 한국에서 중요시되고 있는 여러 시사적인 문제들을 다루기 때문에 현실과 밀착된 교육이 가능하다.

셋째, 한국어와 한국 문화에 대한 이해를 높일 수 있다. 인터넷 신문의 다양한 기사와 독자들의 견해를 통해서 학습자들은 한국 사회의 현실적인 문제와 한국인들의 사고방식에 대해 직접적으로 대면할 기회를 제공받기 때문에 한국에 대한 궁금증을 해결 받을 수 있다. 그리고 많은 정보를 통해 한국인과 한국적인 생활양식, 사고방식 등에 대한 이해를 높일 수 있다.

넷째, 역동적이고 참여적인 수업 구성이 가능하다. 예를 들어, 인터넷 신문의 기사를 읽고 그에 대한 자신의 의견을 글로 표현하는 활동을 한다면 이는 교실 환경을 넘어 가상공간을 통한 실제적인 의사소통과 송환이 주어지는 것이기 때문에, 학습자의 수업 활동 자체가 현실적이며 직접적인 참여로 이어진다. 따라서 학습자들에게 수업 활동에 대해 동기를 부여해줄 수 있고, 학습에 대한 집중도를 높이는 효과를 기대할 수 있다.

앞에서 지적하였듯이 교육은 삶과 분리되어 존재하는 것이 아니라, 삶 그 자체에 녹아지고 적용될 때에 그 가치를 더욱 발휘할 수 있다. 세월의 흐름 속에서 교육 환경이 바뀌고 있고 학습자들의 생각과 요구도 변하고 있다. 한국어 교사와 연구자들은 이 흐름을 이해하고 새로운 변화에 유연하게 대처해 나가야 한다. 다음에는 인터넷 신문을 한국어 수업에서 활용하는 방안에 대해 살펴본다.[48]

4-3. 인터넷 신문 기사 및 자유 토론방을 활용한 한국어 교육 방안

위에서는 인터넷 신문의 특성 및 교육적 의의에 대해 살펴보았다. 이번에는 인터넷 신문을 한국어 교육 현장에 도입하여 신문 기사나 여러 의견 및 정보를 활용하여 수업을 구성하는 방안에 대해 알아본다. 우선 이러한 교육을 실시하기 위한 학습 목표에 대해 살펴본다.

A. 학습 목표

가. 사형제 폐지와 관련된 인터넷 신문 기사를 읽고 그 내용에 대해 알 수 있다.

나. 사형제 폐지와 관련된 찬·반 의견에 대해 알아보고, 사형제 폐지를 주제로 한 토론에 참여하여 자신의 의견을 피력할 수 있다.

다. 사형제 폐지에 대한 자신의 입장을 정리하여 인터넷 신문 자유 토론방에 자신의 견해를 글로 표현할 수 있다.

B. 학습자 한국어 수준

고급

C. 학습 지도안

1. 도 입
• 학습자들에게 인터넷 신문을 자주 읽는지 질문한다. • 준비한 인터넷 신문 자료를 제시한다. • 인터넷 신문의 편리함과 특성에 대해서 질문한다.
2. 활 동
• 교사는 수업과 관련된 인터넷 신문 기사(사형제 폐지)를 제시하고, 학습자들이 이를 읽고 이해했는지의 여부를 확인한다.(전체 활동) • 교사는 학습자들에게 이와 관련된 다른 기사나 자료를 더 제시하고 학습자들이 여러 견해를 접하고 이해할 수 있도록 돕는다.(전체 활동) • 학습자들은 수업과 관련된 여러 기사 및 자료를 바탕으로 자신의 의견을 발표한다.(전체 활동/ 소그룹 활동) • 발표가 끝나면, 학습자들은 자신의 의견을 정리하여 인터넷 신문 홈페이지 자유 토론방에 글을 올린다.(개별 활동)
3. 마 무 리
• 수업 내용을 다시 한번 정리해 준다.

위와 같은 학습 목표를 토대로 수업을 '도입-활동-마무리'의 세 가지 단계로 나누어 구성하도록 한다. 도입 부분에서는 학습자의 주의를 집중시키고, 수업 내용에 대해 관심을 가지도록 유도하는 질문이나 내용을 제시하는 것이 좋다. 예를 들어, 인터넷 신문 자료를 제시하고 학습자들의 인터넷 신문 이용도나 관심 등에 대해서 살펴보는 것도 하나의 방법이 될 수 있다.

그 다음 단계는 다양한 활동이 이루어지는 수업의 핵심 단계이기 때문에 이 부분을 다시 세부적으로 나누어 몇 가지 활동을 할 수 있다.

먼저 수업에서 다루고자 하는 주제와 관련된 내용이나 어휘를 제시하여 학습자들의 수업 내용 이해를 도울 수도 있고, 인터넷 신문 기사나 토론 내용 등을 제시하여 수업과 관련된 주제에 대해 제대로 이해할 수 있도록 돕는다. 그리고 학습자들의 신문 기사에 대한 이해를 바탕으로 수업 주제와 관련된 학습자들의 의견을 서로 나누게 하거나 토론에 참여하도록 함으로써 앞에서 배운 신문 기사 내용 이해를 더욱 심화시켜 나간다. 이러한 수업 활동 과정에서 학습자들이 정보가 필요하다면 인터넷을 통해 관련 자료나 기사를 더 참조할 수 있기 때문에 기존 인쇄 신문보다 많은 자료를 제공할 수 있고 다양성을 살릴 수 있는 것이 장점이다. 수업 주제와 관련된 토론 활동이 끝나면 학습자들은 자신의 의견을 종합·정리하여 자유 토론방에 글을 써서 올리는 실제적인 글쓰기 활동에 참여한다.

인터넷 신문을 활용한 수업에서 학습자들은 직접 자료를 찾고, 토론에 참여하면서 다양한 견해와 자료를 접할 수 있고, 자신의 생각을 정리하여 발표하는 훈련을 쌓게 된다. 아울러 자신의 의견을 글로 표현하여 올리는 과정에서 능동적이고 역동적인 정보 수신자요 송신자의 역할을 동시에 담당해 볼 수 있다.

수업 주제와 관련된 모든 활동이 끝나면 교사는 수업 내용을 정리해 주고, 수업에서 나타난 미비한 점이나 부족한 점을 보충해 주는 것으로 수업을 마무리한다. 지금까지 살펴본 수업 활동 내용을 구체적으로 정리하면 다음과 같다.

◈ 여러분은 인터넷 신문을 자주 읽습니까? 인터넷 신문의 특성이나 편리함은 무엇입니까?

◈ 다음 기사[49]를 읽고 기사 내용과 질문의 내용이 같으면 O, 틀리면 X로 표시하십시오.

〈사형제 폐지 100만인 서명 운동〉

'생명을 사랑하는 사람들의 모임'은 지난 8일 서울 OO센터에서 발대식을 갖고 사형제 폐지 100만인 서명 운동을 벌이기로 했다고 밝혔다. 이 모임의 대표 최강훈 씨는 "지금까지의 조사를 토대로 보면, 미국을 비롯한 76개 나라에서 사형제도가 존속되고 있는 반면에 프랑스를 비롯한 120개국의 경우는 사형제를 아예 폐지하거나 실제적인 사형 집행을 하고 있지 않다."고 주장하면서, "우리나라도 이제 인권에 대한 시각을 한 차원 높여, 인간의 존엄성과 권리를 보장하며 범죄자도 새로운 삶을 살 수 있도록 기회의 문을 열어 주어야 한다."고 강조했다.

또한 이 모임은 100만인 서명 운동이 종료된 후에는 사형제 문제를 국가인권위원회에 공식적인 경로를 통해 전달하여 우리나라의 △ 사형제 폐지 국가 가입 △ 사형제 폐지 법안의 국회 통과 △ 범죄자 계도 방안 개선책 마련 등을 골자로 하는 탄원서도 제출할 계획이다.

1. 국가인권위원회는 사형제 폐지에 반대하고 있다. (　　)
2. 다른 나라의 경우는 사형제도를 모두 폐지했다. (　　)
3. 국회에서 사형제 폐지에 적극 노력하고 있다. (　　)

◈ 다음은 사형제 폐지에 대한 여러 의견들을 모은 것입니다. 이를 바탕으로 하여 여러분의 생각을 정리하고 자신의 견해를 말해 봅시다.
(관련된 자료를 더 찾아보려면 자유 토론방을 이용합니다.)

* 생명을 소중히 여기는 태도가 중요한 때이다 *

요즘 사형제 존폐에 대한 여러 가지 의견이 나오고 있다. 찬성과 반대 의견들이 나름대로의 타당성과 이유를 가지고 있지만, 사형제는 어떤 틀이나 형을 유지하기 위한 차원을 넘어서 다루어져야 하는 문제라고 생각한다. 왜냐하면 사형이라는 것 자체가 인간의 생명과 직결되기 때문이다. 물론 더불어 사는 세상에서 큰 범죄를 저지르거나 남에게 큰 손해를 입히는 것은 당연히 처벌의 대상이 되고, 필요하다면 배상을 해 주는 것이 마땅하지만 한 사람의 생명을 처벌의 대상으로 논한다는 것은 사회 제도를 유지하기 위한 방법으로써는 재고되어야 마땅한 것이라고 여겨진다. 물론 아무런 범죄를 저지르지 않는다면 전혀 문제가 될 것이 없겠지만, 범죄에 대한 대가로 또 다른 생명을 앗아간다는 것은 모순이라고 생각된다. 모든 생명은 소중하다는 생각에서 사형제를 다시 한 번 되짚어 보아야 한다.

* 사회의 정의 실현과 발전을 더 생각해야 한다 *

사형은 인간이 만들어낸 가장 최악의 징벌 방식일 것이다. 그리고 인간이라면 누구나 이런 방식을 좋아할 리는 없다. 그러나 우리 사회에 만연된 도덕성 해이와 악랄한 범죄에 대한 마땅한 대응이 없다면, 앞으로 이 사회의 정의와 질서는 어떻게 지켜 나간다는 말인가. 다른 사람의 삶을 송두리째 망쳐버리고 범죄자 자신의 생명의 존귀함만을 주장하는 것은 앞뒤가 안 맞는 자기당착이다.

강력한 범죄에 대해서는 처벌도 강력해질 수밖에 없다. 범죄에 대한 국가적 대응이 느슨해진다면, 앞으로 우리 사회의 도덕적 해이는 불 보듯 뻔한 일이다. 생명의 존엄성을 운운하며 범죄에 대해 너그러워지려는 생각은 범죄에 대한 안일한 대응이고 미온적인 태도이다. 우리 서로가 서로를 지키고 보호하려면 사형제의 존속은 반드시 이루어져야 한다.

◈ 토론이 끝난 후 사형제 폐지와 관련된 여러분의 견해를 자유 토론방에 올려 봅시다.

4-4. 인터넷 신문 만화 중심의 한국어 교육 방안

만화는 "이야기 따위를 간결하고 익살스럽게 그린 그림"을 의미한다.[50] 이러한 만화는 누구에게나 친근함과 재미를 제공해 주는 대중적인 의사전달 도구이다. 또한 정준영(1994: 29-30; 윤정옥, 2000: 20에서 재인용)의 주장에 따르면, 만화는 다음과 같은 특성을 갖는 것으로 보인다.

> 만화는 그림과 글의 장점을 효과적으로 결합한다. 글이라는 매체의 장점은 분명함이다. 하지만 글의 약점은 또한 그 분명함에서 온다. 글의 분명함을 충분히 포착할 수 있기 위해서는 일정한 교육과정이 전제되어야 하기 때문이다. 반면 그림은 훨씬 더 즉각적이고 정감적이다. 따라서 대상의 형태를 구체적으로 보여주는 그림은 구체적 사물을 대상으로 할 경우

> 글보다도 훨씬 더 쉽고 명확한 이해를 가능케 해 준다. 하지만 그림의 한계는 글에 비해 훨씬 더 다의적이라는 점에 있다. 만화는 글의 분명함과 그림의 즉각성을 결합하면서 글의 어려움은 그림을 통해, 그리고 그림의 다의성은 글을 통해 보완하는 매체이다.

위에서 살펴본 것처럼 만화는 그림과 글의 장점이 어우러져 작가가 전달하고자 하는 의미를 함축적으로 표현하는 것이 특징이자 매력이다. 또한 인터넷 신문에 개제되는 만화에는 다음과 같은 특성이 담겨 있다.

첫째, 인터넷 신문 만화는 시대성을 지닌다. 만화는 당대의 현실과 시대적 배경을 바탕으로 제작된다. 특히 신문의 성격상 독자의 관심을 끌어 모을 수 있는 내용을 제공해야 하므로 실제 삶의 여러 양상을 반영한 내용이 많을 수밖에 없다. 둘째, 인터넷 신문 만화는 대중적인 성격이 강하다. 신문은 다수의 독자를 겨냥한 매체이므로 대중들이 공감대를 형성할 수 있는 내용을 주로 다루게 된다. 따라서 요즘의 대중들이 가지는 관심사, 성향, 정서 등을 소재로 하여 독자들이 만화에 흥미와 관심을 가질 수 있도록 하는 측면을 고려하지 않을 수 없다. 셋째, 인터넷 신문 만화는 독자들에게 오락을 제공하는 측면이 있다. 신문의 주요 기능은 정보나 새 소식을 객관적으로 기사화하여 전달하는 것이다. 그러나 인터넷 신문 만화는 일반 기사와는 달리 만화가의 주장이나 세태의 흐름에 대한 일반인들의 견해를 반영할 수 있기 때문에 만화를 보면서 재미를 느낄 수 있다. 그리고 객관적인 문장 위주의 구성을 보이는 기사와는 달리 만화에서는 풍자, 재치, 유머 등을 섞어서 표현하는 것이 가능하기 때문에 독자의 흥미를 자극할 수 있다.

이러한 인터넷 신문 만화의 특성을 한국어 교육에서 적절히 사용한다면 수업의 흥미를 더해 줄 뿐 아니라 학습자들이 한국의 현실적인 문제들에 대한 안목을 넓힐 수 있게 해 줄 것이다. 또한 인쇄된 교재에서 제공하기 어려운 풍자와 오락은 물론이고 한국 사회와 밀착된 정보도 얻을 수 있기 때문에 인터넷 신문 만화는 유익한 수업 자료로 활용될 수 있다. 특히 인터넷 신문은 종이 신문이 지니는 지면상의 제약을 넘어서 여러 종류의 만화를 즐길 수 있는 기회를 제공하고 있기 때문에 수업 내용이나 상황을 고려하여 활용한다면 다음과 같은 효과까지 기대할 수 있을 것으로 생각된다.[51)]

첫째, 만화는 문자 이외에도 시각을 통한 의사와 감정 표현이 독자에게 큰 영향을 미치게 된다. 만화는 경우에 따라 풍자와 해학이 가미되며 어느 정도의 과장 섞인 표현을 통해 작가가 전달하고자 하는 메시지와 느낌을 더 강렬하고 효과적으로 표현하도록 해주기 때문에, 학습자가 만화를 대할 때 재미와 친숙함을 느끼며 수업에 임할 수 있다. 또한 문자로만 내용을 이해하는 경우보다 그림과 상황을 보면서 이해하기 때문에 작가의 의도를 쉽게 파악할 수 있다.

둘째, 만화에서는 구어체가 많이 등장하고 의성어나 의태어를 빈번히 사용하기 때문에 학습자들이 일반적인 교재에서 좀처럼 대하기 쉽지 않으나 한국인들이 실제 대화에서 많이 사용하는 어구 및 표현을 익히기에 적합하다.

셋째, 일반적인 교재가 체계적이고 정선된 내용을 학습자에게 제시하는 장점이 있기는 하지만 당대의 현실적인 문제나 상황들을 다루는 데에는 한계가 있기 마련이다. 이에 비해서 만화는 대중이 삶 속에서 직접 피부로 느끼는 내용들을 다루기 때문에 현실성이 높은 내용을 수업에 도입할 수 있다.

넷째, 앞에서 지적한 바와 같이 현실적인 상황이나 소재가 만화에 자주 등장하기 때문에 한국 사회의 현재 모습과 특성을 접하기에 용이하고 한국 사회·문화 전반의 특징이나 분위기의 이해에 도움이 된다.

우리 사회가 다변화되면서 이제 교육의 장에도 융통성과 유연성, 다양성을 추구하는 경향이 짙어졌다. 별다른 의미없이 지나칠 수 있는 우리 주변의 작은 소재나 자료도 거기에 의미를 더하고 새로운 시각을 통해 바라볼 때 단순한 자료가 아닌 교육적 함의를 찾아낼 수 있고 긍정적인 효과까지 거두는 기회가 될 수 있다. 다음에는 인터넷 신문에 게재되는 만화를 이용한 수업 구성의 실제에 대해 알아본다.

A. 학습 목표

가. 새해 계획이나 희망과 관련된 만화를 보고 그 내용을 알 수 있다.
나. 자신의 새해 계획 및 희망에 대해 조리있게 말할 수 있다.
다. 자신의 새해 계획을 정리하여 인터넷 신문 자유 토론방에 글을 올릴 수 있다.

B. 학습자 한국어 수준

중급

C. 학습 지도안

1. 도 입

• 학습자들에게 인터넷 신문 만화를 자주 보는지 질문한다. • 준비한 인터넷 신문 만화 자료를 제시한다.
2. 활 동
• 교사는 수업과 관련된 인터넷 신문 만화 자료를 제시하고 의미를 이해했는지 확인한다.(전체 활동) • 계획을 세운 후 제대로 실천하지 못한 경우가 있었는지 물어보고 계획을 실천으로 옮기기 위해 어떤 방법이나 노력이 필요할지에 대해 이야기한다.(전체 활동) • 학습자들 자신의 새해 계획이나 희망에 대해서 이야기한다.(전체 활동/소그룹 활동) • 새해 계획에 대한 이야기 나눔이 끝나면, 학습자들은 자신의 의견을 정리하여 인터넷 신문 홈페이지 자유 토론방에 글을 올린다.(개별 활동)
3. 마 무 리
• 수업 내용을 정리해 주고 새해의 다짐을 실천하도록 격려한다.

위에서 살펴본 학습목표와 지도안을 바탕으로 한 수업 구성에 대해 알아보면 다음과 같다.

◈ 여러분은 인터넷 신문에서 만화를 자주 봅니까? 어떤 종류의 만화에 관심이 많습니까?

◈ 다음 만화를 보고 질문에 답하십시오.52)

1. 만화에 등장한 아이가 나이에 대해서 가지고 있는 의문은 무엇입니까?

2. 아이가 자신의 나이를 10,008살이라고 한 이유는 무엇입니까?

◈ 다음 만화를 보고 질문에 답하십시오.[53)]

1. 만화에 등장하는 곰이 새해 계획을 세우는 것에 대해 망설이는 이유는 무엇입니까?

2. '계획을 세우지 말고 눕혀보시는 건'은 무슨 의미입니까? 설명해 보십시오.

3. 여러분도 계획을 세웠지만 실천하지 못한 경우가 있었습니까? 계획을 세운 후에 잘 실천하려면 어떻게 해야 할까요?

4. 여러분은 새해 계획을 세웠습니까? 올해 꼭 하고 싶은 일이 있다면 무엇입니까? 이야기해봅시다.

5. 여러분의 새해 계획이나 희망을 글로 써서 자유 토론방에 올려봅시다.

4-5. 인터넷 신문 시사만화 중심의 한국어 교육 방안

시사만화는 다른 만화에 비해 풍자나 비유 과장 등을 더 빈번히 사용함으로써 작가가 전달하고자 하는 내용을 함축적이고 해학적으로 전달한다. 특히 시사만화는 사회 전반에 걸친 문제나 변화를 다루는 경우가 많기 때문에 시의적절성은 물론이고 비판적인 사고와 안목을 길러 나가는 데에 적합한 교육 자료가 될 수 있다.

그런데 시사만화는 그 성격상 배경지식을 충분히 가지고 있어야 해석이 용이하며, 작가의 개인적인 견해가 두드러질 가능성이 높기 때문에 전체 내용의 이해와 분석이 쉽지 않을 수 있다. 그러나 이러한 점을 잘 보완한다면 학습자에게 한국과 관련된 많은 자료와 정보를 제공하고 이해를 높일 수 있으며, 작가의 의도를 이해하고 이를 비판적인 시각으로 바라볼 수 있는 안목을 기를 수 있다는 점에서 좋은 교육 자료가 될 수 있다고 본다.[54)]

수업 현장에서 학습자들이 시사만화를 대하고 이를 분석하는 과정은 방법론과 시각에 따라 여러 하위 단계로 구분해 보는 것이 가능하나 여기서는 다음과 같은 네 가지 단계를 거친 분석 방법을 택하기로 한다.[55)]

1단계: 관찰

⇩

2단계: 만화 구성 요소 분석

- 만화 속의 구성 요소 파악
- 구성 요소 간의 관계 파악 및 배경과의 관계 파악
- 구성 요소의 상징에 대한 해석

⇩

3단계: 만화 구성 요소 분석의 구체화

⇩

4단계: 사고의 전이 및 적용

〈그림 21〉 시사만화의 읽기 모형

첫 번째 단계는 관찰에 해당된다. 다시 말해서 이 단계에서는 시사만화를 접하고 전반적인 내용을 인식하는 것이 포함된다. 두 번째 단계에서는 만화를 구성하고 있는 요소들에 대한 분석이 주된 활동이 된다. 그런데 만화 구성 요소 분석은 먼저 만화에 등장하는 인물이 누구인지, 등장 인물이 무슨 행동을 하는 것인지에 대한 파악이 이루어진 후에 등장 인물들의 행동 원인 및 등장 인물과 만화 배경과의 관계 등에 대해 검토하고 이해하는 과정이 필요하다. 그 다음으로는 만화 구성 요소가 상징하는 것이 무엇인지에 대한 해석이 이어진다. 좀 더 구체적으로 말하자면, 등장인물이나 배경이 시사만화 전체에서 전달하고자 하는 함축적인 의미를 파악하고 해석하는 것이다. 그리고 세 번째 단계에서는 두 번째 단계에서의 분석을 바탕으로 시사만화 작가가 만화 전체를 통해 전달하고자 하는 메시지와 의도에 대해 파악하고 이를 학습자 자신의 문장이나 말로 재구성하여 표현해 보는 것이다.

따라서 첫 번째 단계에서 세 번째 단계까지가 시사만화 자체에 대한 접근, 관찰, 이해를 거치는 과정이라고 할 수 있다. 이에 비해서 네 번째 단계에서는 지금까지 이해한 내용을 바탕으로 작가의 의도나 전달 내용에 대해 여러 각도로 생각해 보고 학습자 자신의 견해를 피력해 나간다. 그러므로 앞선 세 단계에서의 만화에 대한 이해와 파악 그리고 이를 글이나 구두로 정리하고 표현하는 활동이 네 번째 단계를 보다 효과적으로 이루어나가는 바탕이 되어준다.

앞에서 언급한 대로 시사만화는 하나 혹은 비교적 적은 수의 컷(cut) 안에 표현하는 내용이 모두 들어있기 때문에 학습자의 시사만화에 대한 면밀한 관찰과 파악이 중요하다. 따라서 교사는 학습자들이 시사만화 작가가 의도한 내용이 무엇인지 잘 이해할 수 있도록 도와주어야 한다. 그리고 필요하다면 이해에 도움이 되는 다른 시사만화나 자료들을 통해서 필요한 정보나 지식도 함께 제공해야 한다. 다음에서는 시사만화를 이용한 한국어 수업에서의 학습 목표와 수업 내용에 대해 살펴본다.

A. 학습 목표

가. 시사만화의 특징을 알 수 있다.
나. 시사만화를 보고 작가가 전하고자 하는 내용을 이해할 수 있다.
다. 시사만화를 통해 작가가 전하고자 하는 내용을 비판적으로 수용할 수 있다.
라. 제시된 시사만화의 주제와 관련하여 자신의 의견을 글로 표현할 수 있다.

B. 학습자 한국어 수준

고급

C. 학습 지도안

1. 도 입
• 학습자들에게 시사만화를 자주 보는지 질문한다. • 준비한 시사만화 자료를 제시한다. • 시사만화의 특징에 대해 질문하고 그 내용을 정리해 준다.
2. 활 동
• 교사는 학습자들이 시사만화의 내용을 이해했는지 확인한다.(전체 활동) 그리고 필요시 내용 이해에 도움이 될 만한 다른 그림이나 읽기 자료

등을 보충자료로 제시한다. • 학습자들이 작가의 의견에 대해 어떠한 생각을 가지고 있는지 발표시킨다.(전체 활동/ 소그룹 활동) • 부동산 안정 대책과 관련하여 자신의 견해를 글로 써서 제출한다.(개별 활동)
3. 마 무 리
• 수업 내용을 정리해 준다.

이러한 내용을 중심으로 한 수업 구성의 실제적인 예에 대해 살펴보면 다음과 같다.

◈ 여러분은 시사만화를 자주 보는 편입니까? 여러분이 생각하는 시사만화의 특징은 무엇입니까?

◈ 다음 시사만화를 보고 생각해 봅시다.56)

1. 이 만화를 통해서 작가가 전달하고자 하는 메시지는 무엇인지 말해 보십시오.

2. 여러분은 이 작가의 주장에 동의하거나 반대하는 의견을 갖고 있을 것입니다. 자신의 의견을 조리있게 발표해 봅시다.

3. 부동산 가격을 안정시키기 위해서 정부와 시민 단체가 해야 할 일은 무엇이라고 생각합니까? 여러분의 생각을 글로 써 봅시다.

5. 기관 및 주제별 사이트

요즘은 거의 모든 관공서와 개인이 나름대로의 주제와 목적을 가지고 필요에 따라 여러 가지 웹 사이트를 운영한다. 사실상 이러한 사이트들은 교육적 목적을 위해 고안된 것은 아니지만, 수업의 목적과 내용에 필요한 부분을 골라서 사용한다면 학습자들에게 재미와 흥미를 줄 수 있고, 학습자의 적극적인 참여를 유도할 수 있는 자료를 제공받을 수도 있다. 이에 본 연구에서는 기관별 혹은 주제별 사이트를 한국어 수업에 활용하는 방안에 대해 구체적으로 살펴본다.

5-1. 기관 및 주제별 사이트를 활용한 한국어 교육 방안 1

때로는 교실이라는 제한된 공간을 넘어서 장소를 이동하여 수업을 진행하는 경우도 많다. 특히 국내의 유명 한국어 교육 기관들은 기본적으로 학기 중 수업에 문화 수업이나 체험 수업을 포함시키고 있다. 이때는 교사나 수업 관련자들이 여러 가지 계획과 사전 답사 등을 통해 장소와 일정을 세울 수도 있지만, 학습자들에게 웹 사이트를 통해 먼저 내용을 검색해 보고 스스로 체험 수업 장소를 결정하게 하는 것도 좋은 방법이 될 것이다. 이러한 방법은 일방적인 장소 선정이 아닌 학습자 스스로 선택한 장소를 방문하는 것이기 때문에, 학습자가 체험 학습 이전부터 해당 수업에 대해 관심을 가질 수 있고 보다 적극적인 자세로 수업에 임하도록 해준다. 체험 학습을 위한 장소 선정과 관련된 학습 목표 및 내용에 대해 알아보면 다음과 같다.

A. 학습 목표

가. 서울 시내 명소와 관련된 웹 사이트를 검색하고, 자신의 검색 목적에 해당하는 내용을 이해할 수 있다.

나. 체험 학습 시 자신이 방문하고 싶은 장소를 추천하고 그 장소와 관련된 정보를 다른 학습자들에게 제공할 수 있다.

다. 체험 학습 장소와 관련된 여러 가지 정보를 토대로 방문할 장소를 선정할 수 있다.

B. 학습자 한국어 수준

중급 또는 고급

C. 학습 지도안

1. 도 입
• 학습자들에게 서울 시내 명소를 방문한 경험이 있는지 질문한다. • 준비한 명소 관련 자료를 제시한다.
2. 활 동
• 학습자들이 기존에 방문한 명소명과 느낀 점에 대해 말한다.(소그룹 활동) • 학습자들에게 체험 수업 장소와 관련된 웹 사이트를 검색하고, 가보고 싶은 곳을 추천하도록 한다.(개별 활동/ 소그룹 활동) • 자신이 가보고 싶은 명소와 관련된 정보를 다른 학습자들에게 제시하고 내용을 설명한다.(전체 활동) • 최종적으로 체험 학습 장소를 결정한다.(전체 활동)
3. 마 무 리
• 교사는 선정된 장소를 학습자들에게 다시 한 번 알려주고 체험 수업에 대해 주지시킨다.

앞에서 제시한 학습 목표와 지도안을 중심으로 한 수업 구성 방안은 다음과 같다.

> 1. 여러분은 서울에서 어디를 가 봤습니까?[57)]

2. 여러분이 방문한 곳에서 무엇을 했고, 무엇을 느꼈습니까? 서로 이야기해 봅시다.

이름	가본 곳	느낀 점
소흔	경복궁	조선 시대 왕의 삶에 대해 생각해 볼 수 있었다. 한국의 역사에 대해 알게 되었다.
올가	63빌딩	수족관에서 신기한 물고기를 구경한 게 재미있었다.

3. 이번 주 금요일에 체험 수업을 갈 겁니다. 여러분이 방문할 장소를 선정해 봅시다. 웹 사이트를 검색하여 그곳에 대한 정보를 찾아 정리하고, 발표해 봅시다.

☞ 체험 수업 장소와 관련된 내용을 검색한 후에 장소명, 위치, 가는 방법, 가고 싶은 이유 등을 정리해서 발표합니다.

4. 친구들의 발표를 듣고 체험 수업 장소를 결정합시다.

한국어를 이해하고 효율적으로 사용하기 위해서는 학습자들이 많은 상황과 장면에 노출되고 이를 통해 직접 경험하고 배워나가는 것이 중요하다는 생각에서 체험 학습이 이루어지고 있다. 그러므로 학습자들에게 체험 학습의 중요성과 의미를 일깨워주고 전반적인 준비 작업부터 학습자와 함께 한다는 인식을 심어준다면, 학습자의 관심을 높이며 이해와 참여도 높은 수업을 진행해 나갈 수 있을 것이다.

5-2. 기관 및 주제별 사이트를 활용한 한국어 교육 방안 2

최근에 한국 문화가 아시아 지역을 중심으로 급속히 확산되고 있다. 이로 인해 한국 문화가 널리 퍼지는 긍정적인 효과뿐 아니라, 많은 상업적 성과와 함께 한국 배우나 가수들의 해외 진출의 또 다른 길이 열리고 있다. 또한 한국 영화나 음악을 보고, 듣고, 따라하기 위한 열심이 한국어를 배우고 싶은 하나의 원인으로 작용하기도 하여 많은 아시아 지역 학습자들이 한국어를 배우려 하고 있다. 이러한 한류 바람은 1996년에 한국 드라마가 중국에 수출되면서 시작된 것이다. 그 후에는 한국 가요가 수출되어 인기가 더욱 고조되었고 2000년 2월 중국 언론에서 한류라는 용어를 사용한 것으로 보인다. 이러한 분위기는 동남아시아의 여러 나라로까지 확대되어 베트남, 태국, 필리핀, 인도네시아 등 곳곳으로 퍼져 나가고 있다. 그리고 이제는 대중문화뿐 아니라 가전제품, 라면, 김치 등 한국 관련 제품에 대한 높은 선호도로 이어지게 되었고 이를 통틀어서 한류라고 한다.[58]

요즘 한국어 학습자의 상당수는 한류에 대해 이해하고 있고, 이를 매우 즐기는 편에 속한다. 따라서 이러한 분위기를 수업에 활용하면 학습자들의 평소 관심사를 다루기 때문에 흥미롭고 재미있는 수업을 진행할 수 있고, 한국 문화에 대한 이해를 한층 높이는 계기가 될 것으로 보인다. 이와 관련된 학습 목표에 대해 살펴보면 다음과 같다.

A. 학습 목표

가. 한류 스타 중에서 관심있는 인물과 관련된 정보를 웹 사이트에서 검색하고 그 내용을 이해할 수 있다.
나. 자신이 검색한 한류 스타와 관련된 정보를 정리하여 발표할 수 있다.
다. 한국의 문화와 특성을 이해할 수 있다.
라. 자국의 대중문화와 한국 대중문화의 차이점을 이해할 수 있다.

B. 학습자 한국어 수준

고급

C. 학습 지도안

1. 도 입
• 교사는 학습자들에게 '한국'하면 떠오르는 이미지가 무엇인지 질문하면서 한국의 이미지와 관련된 자료를 제시한다.
2. 활 동
• 한류 스타 중에서 학습자들이 관심있는 사람은 누구인지, 좋아하는 이유는 무엇인지 말한다.(전체 활동) • 한류 스타와 관련된 웹 사이트를 검색하여 여러 가지 정보를 찾아서 정리한다.(소그룹 활동/ 개별 활동)

• 한류 스타와 관련된 정보를 정리하여 필요한 내용을 발표한다.(전체 활동) • 한국의 대중문화를 통해서 한국에 대해 무엇을 더 이해하게 되었는지 발표한다.(전체 활동) • 한국의 대중문화와 자국의 대중문화의 차이점이 무엇인지 발표한다.(전체 활동)
3. 마 무 리
• 교사는 수업 내용을 정리해 준다.

위에서 살펴본 학습 목표와 지도안에 따른 수업 구성에 대해 알아보면 다음과 같다.

1. 여러분은 '한국'하면 어떤 이미지가 생각납니까?

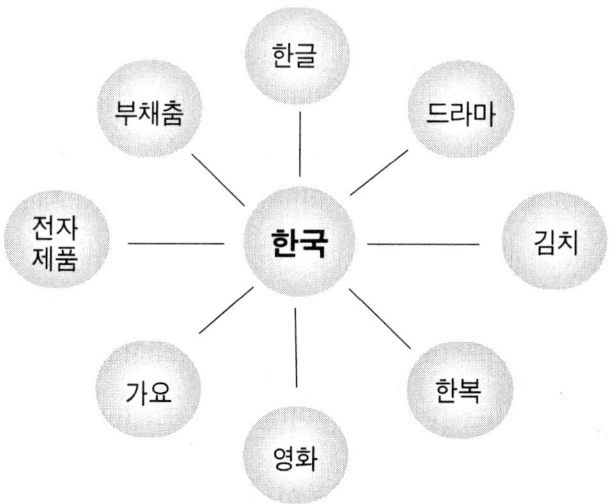

2. 여러분은 한국 영화를 보거나 음악을 들어본 적이 있습니까? 한류 스타 중에서 여러분이 좋아하는 사람은 누구인지, 왜 좋아하는지 말해 봅시다.[59]

이름	내가 좋아하는 한류 스타	좋아하는 이유
알로나	배용준	연기를 잘 한다, 멋있다
토미	전지현	예쁘고 날씬하다, 긴 머리가 매력적이다

2. 여러분이 좋아하는 한류 스타에 대한 자료를 웹 사이트에서 조사해서 발표해 봅시다.

☞ 여러분이 조사하는 한류 스타에 대해서 다음과 같은 사항을 정리하여 발표합니다.

이름/ 직업/ 생년월일/ 나이/ 취미/ 특기/ 경력 사항 등

3. 한국의 영화, 음악, 드라마 등을 통해서 여러분은 한국의 어떤 점을 배울 수 있었습니까? 여러분 나라의 대중문화와는 어떤 점에서 차이가 있습니까?

이러한 수업 활동을 통해서 학습자들은 한국 문화와 한류 스타에 대해 더 많은 정보를 얻을 수 있고 한국에 대한 애정과 관심을 가지게 될 것이다. 아울러 교사가 학습자들이 좋아하는 스타에 관심을 기울이는 모습에서 교사와 학습자 간의 친밀감을 높이며 서로 이해하고 교감

하는 긍정적인 선순환이 이루어질 것으로 보인다.

6. 하이퍼텍스트 및 기존 매체의 활용[60)]

기술이 발전하고 사회가 변모하면서 의사소통의 양상과 방식에도 많은 변화가 찾아왔다. 한 예로, 편지를 전하기 위해서 직접 내용을 적어서 긴 거리를 걸어가거나 말을 타고 가던 것에서 이제는 컴퓨터 앞에 앉아 메시지를 작성한 후 클릭 한번으로 보낼 수 있게 되었다. 또한 영화를 보기 위해 직접 영화관까지 가지 않아도 비디오나 인터넷 등을 이용한 감상도 가능해지면서 더 많은 선택과 편리함을 누리게 되었다. 그런데 이러한 매체의 다양성은 결국 메시지 전달자의 의사소통 목적 및 상황에 따라 적합한 매체를 선정할 것을 요구하기도 한다. 왜냐하면 메시지 전달자는 메시지 전달 목적과 대상, 상황 등을 고려하여 매체를 선택하려고 하기 때문이다. 따라서 다매체를 한국어 수업에서 활용하는 것은 화자의 의사소통 목적과 사용 맥락을 반영한 매체 선정 능력을 길러주어 궁극적으로 다양한 실제 의사소통 상황에서의 의사전달 능력을 높여주는 긍정적인 효과를 가져오게 될 것이다.

〈표 18〉 미디어의 객관적인 특성 비교

(윤세민, 2001: 18에서 재인용)

	대인간 상호작용	기계와의 상호작용	링크된 소스의 수	커뮤니케이션 모델	내용	피드백 균형
• 매스미디어						
게시판	X	X	하나	일 대 다수	T, I	O
신문	X	X	하나	일 대 다수	T, I	O
잡지	X	X	하나	일 대 다수	T, I	O
직접 우편	X	X	하나	일 대 다수	T, I	O
라디오	X	X	소수	일 대 다수	A	X
공중파 TV	X	X	소수	일 대 다수	A,V(T)	X
케이블 TV	X	X	소수	일 대 다수	A,V(T)	X
위성 TV	X	X	다수	일 대 다수	A,V(T)	X
500 채널 케이블 TV	X	X	다수	일 대 다수	A,V(T)	X
• 대인적 커뮤니케이션						
우편	O	X	하나	일 대 일	T	O
팩스	O	X	하나	일 대 일	T	O
전화	O	X	하나	일 대 일	A	O
비디오폰	O	X	하나	일 대 일	A,V	O
면대면	O	X	하나	일 대 일	A,V,E	O
면대면(그룹)	O	X	소수	소수 대 소수	A,V,E	O
집단회합	O	X	다수	다수 대 다수	A,V,E	O
• CMC						
전자우편	O	O	하나	일 대 일	T	O
음성사서함	O	O	하나	일 대 일	A	O
토크 프로그램	O	O	하나	일 대 일	T	O
전자우편(CC: list)	O	O	하나	일 대 소수	T	O
멀티채팅	O	O	소수	소수 대 소수	T	O
MUDs	O	O	소수	소수 대 소수	T	O

CU SeeMe	O	O	소수	소수 대 소수	A,V	O
메일링 리스트	O	O	다수	다수 대 다수	T	O
유즈넷 뉴스그룹	O	O	다수	다수 대 다수	T	O
WWW(forms/annotaion)	O	O	다수	다수 대 다수	T,I	O
멀티미디어 채팅	O	O	다수	다수 대 다수	T	O

(T=텍스트, I=이미지, A=오디오, V=비디오, E=경험적, (T)=작은 양의 텍스트 내용을 의미)

출처: Thomas P. Novak & Donna L. Hoffman "Measuring the Flow Experience Among Web Users," Paper Presented at Interval Research Corporation, July 31, 1997 http://www.2000.ogsm,vanderbilt,edu/revision. july11.1995/cmepaper.htm)

위의 표에서 보듯이 매체를 그 특성에 따라 분류하면 일 대 일에 적합한 경우나 일 대 다에 적합한 경우 등이 다를 수 있다. 또한 대인간의 상호작용이 가능한 경우와 그렇지 않은 경우 등이 다르기 때문에 각 매체의 특성을 잘 알고 이를 실제 의사소통 상황에서 적합하고 효과적으로 이용할 줄 알아야 한다. 그러므로 먼저 다매체를 경험하고 접해보면서 거기에 익숙해지고 이를 사용할 수 있는 능력과 자신감을 얻는 것도 원활한 의사소통을 위해 필요한 부분이다. 이외에도 다매체를 한국어 수업에서 활용한다면 다음과 같은 효과를 볼 수 있을 것으로 생각된다.

첫째, 다매체를 활용함으로써 학습자에게 의사소통의 다양한 상황을 제공할 수 있다. 고도의 정보화 사회는 삶의 매순간이 복잡하고 다양해진다는 것을 전제로 한다. 또한 다매체를 실제적으로 우리 삶에서 사용하는 것은 의사소통의 양상과 장면이 다양해지는 것을 의미하기도 한다. 따라서 한국어 교육 현장도 의사소통의 다양한 상황과 실제를 반영함으로써 교육 현장의 교수학습 내용이 현실성을 지니도록 하는 작업이 필요하다. 그리고 한국어 교육의 기본적인 목표가 학습자의 원활한 의사소통 능력을 길러나가는 것에 있다는 것을 생각해 볼 때에 다매체를 통한 한국어 학습은 다양한 의사소통 상황이나 기제 활용의 기회를 제공하는 의의가 있고, 이를 통해 실제적인 한국어 의사소통 능력을 길러나가는 데에 큰 도움이 될 것으로 생각된다.[61]

둘째, 매체에 대한 학습자의 친숙도를 높여주고, 흥미를 북돋아 줄 수 있다. 한국은 다른 나라에 비해 인터넷 사용률이 상당히 높은 수준에 와 있다고 알려져 있다. 이러한 사실은 외국인 학습자들 가운데에 상당수가 인터넷에 대한 접근과 효율적인 사용에 대해 아직 미흡할 수 있음을 의미하기도 한다. 다시 말해서 한국의 현실은 인터넷을 통한 의사소통이 일상화되었다고 해도 과언이 아닐 정도로 그 사용률이 높기 때문에, 학습자들이 한국에서 생활할 때에 이에 대한 이해와 활용 능력을 가지는 것도 상당히 중요하다. 따라서 다양한 매체를 접해 보고, 매체의 특성을 이해하며 이를 자신의 의사소통 목적에 따라 효과적으로 이용할 수 있게 해주는 것도 교육적 측면에서 중요하게 다루어져야 한다. 또한 다매체를 한국어 교육 현장에 도입함으로써 수업에 대한 학습자들의 관심을 높이고, 다양한 수업 자료의 제공을 통해 한국어 학습에 대한 흥미를 높여나가는 것도 필요하다고 본다.

셋째, 언어의 네 가지 기술(skills)을 고루 익히고 발전시킬 수 있다. 한국어 교육의 초기에 해당되는 1960년대나 1970년대에는 직업 군인이나 선교사 등의 특수 목적을 가진 학습자가 많았고, 한국어를 배우려는 학습자의 수가 지금보다 적었던 것으로 보인다. 따라서 한국어는 학습자들이 전에 접해 본 적이 드문 매우 낯선 언어로 여겨졌고 이로 인해 문법에 대한 이해와 학습이 매우 중요시되었다. 이러한 한국어 교육의 역사적 특성으로 인해 한국어 교육에서는 문법의 이해와 암기가 주된 학습 방법이었으며, 당시 사용되던 교과서들은 이러한 교육 방법과 원리를 그대로 반영하고 있다. 그러나 근자의 한국어 교육 현장에는 학습자의 수적인 증가가 현저해지고, 한국어 학습의 목표도 다양해졌다. 따라서 이제 한국어 교육에서 문법 교육뿐 아니라 말하기, 듣기, 읽기, 쓰기 능력의 고른 향상이 필요하며, 이에 따른 교육 방법과 연구도 지속적으로 이루어져야 한다.

이러한 관점에서 다매체를 수업에 활용하는 것은 매체의 특성에 따른 언어 기술을 다룰 수 있다는 점에서 학습자의 언어 기술 배양에 유용하리라 본다. 예를 들어 라디오 뉴스나 광고를 활용하면 듣기 능력을 기를 수 있고, 전자 게시판을 활용하면 읽기 및 쓰기 능력을 기르는 데에 적절할 것으로 보인다.[62)]

넷째, 학습자에게 한국과 관련된 다양한 정보를 제공하며 한국 사회에 대한 이해를 넓히는 기회를 줄 수 있다. 주지하다시피 언어는 문화와 불가분의 관계에 있기 때문에, 하나의 언어에 숙달하려면 목표어의 문화와 사고방식 등을 이해하는 것이 필수적이다. 따라서 다양한 매체를 통해 한국에 대한 여러 가지 정보와 내용을 제공하는 것은 학습자들이 한국과 한국어에 대한 이해를 높이는 데에 효과적일 것으로 생각된다. 특히 학습자들에게 한국의 전통적인 문화에 대한 이해를 높이는 것도 필요하지만, 현재 한국 사회나 문화와 관련된 내용을 제시하여 학습자들이 매일 부딪히는 상황 속에서 보다 현실감 있게 한국과 연관된 상황들을 이해하도록 돕는 것이 중요하다. 그러므로 학습자들에게 한국 사회 전반에 대한 다양한 자료와 정보를 제공하는 것은 학습자의 한국에 대한 이해를 높일 수 있게 해 주며 그들의 의사소통 능력의 함양에 일조할 것으로 생각된다.

다섯째, 교과서가 가지는 선형성의 한계를 극복할 수 있다. 한국어 학습을 위해서는 잘 짜여진 교과서가 필요하다. 그러나 교과서는 선형적 구성을 전제로 하기 때문에, 우리 삶의 다양한 텍스트를 담는 데에는 한계를 지닐 수밖에 없다. 이에 비해 한국어 수업에서 매체를 활용하면,[63] 교과서가 지니는 선형성의 한계를 극복할 수 있고, 실제적인 의사소통을 통한 교육이 이루어질 가능성이 높아진다. 그러므로 한국어 교육에서 매체를 활용함으로써 수업의 실제성을 높이고, 더 나아가 학습자의 의사소통 능력을 높이는 데에 긍정적인 결과를 가져올 수 있도록 지속적인 관심과 노력을 기울여야 할 것이다.

시대의 변화는 어찌 보면 당연한 것이고, 이를 통해 보다 긍정적인 사고와 발전을 추구해 나가는 것이 우리가 지녀야 할 올바른 태도일 것이다. 물론 이전의 방식이나 사고가 모두 불필요한 것은 아니지만, 시대적 경향과 변화를 수용하는 것은 어느 분야에서나 필수적으로 거쳐가야 하는 과정이다. 한국어 교육 분야에서도 21세기적 특성에 부합하는 변화의 내용을 받아들이고 새로운 교재와 교육 방법에 대한 연구가 이루어져야 할 것이다.

6-1. 다매체를 활용한 한국어 교육 방안 1

앞에서는 한국어 교육에서 다매체를 활용할 때에 어떤 효과를 가져올 수 있는지에 대해 살펴보았다. 이번에는 실제 수업에서 다매체를 도입하여 수업 내용을 구성하는 방안에 대해 검토해 나간다. 먼저 이와 관련된 단원 학습 목표에 대해 알아보면 다음과 같다.

A. 학습 목표

가. 행정 도시 건설과 관련된 뉴스를 듣고 그 내용을 이해할 수 있다.

나. 행정 도시 건설과 관련된 신문 기사를 읽고 그 내용을 이해할 수 있다.

다. 행정 도시 건설 추진에 대한 찬·반 의견을 이해하고, 자신의 견해를 말할 수 있다.

라. 행정 도시 건설 추진에 대한 자신의 견해를 글로 표현하여 전자 게시판에 올릴 수 있다.

B. 학습자 한국어 수준

고급[64)]

C. 학습 지도안

1. 도 입
• 학습자들에게 행정 도시 건설에 대해 알고 있는지 질문한다. • 준비한 화보나 사진, 기사 등을 제시한다.
2. 활 동
• 교사는 행정 도시 건설 관련 뉴스를 들려주고 학습자들이 이를 이해했는지 점검한다.(전체 활동) • 교사는 행정 도시 건설 관련 신문 기사를 제시하고, 학습자들이 이를 이해했는지 점검한다.(전체 활동) • 학습자들이 여러 웹 사이트를 방문하여 행정 도시 관련 기사나 의견들을 살펴보도록 유도한다.(개별 활동/ 소그룹 활동)

• 학습자들은 수업과 관련된 여러 기사를 바탕으로 자신의 의견을 발표한다.(전체 활동/ 소그룹 활동) • 발표가 끝나면, 학습자들은 자신의 의견을 정리하여 인터넷 신문 홈페이지 자유 토론방에 글을 올린다.(개별 활동)
3. 마 무 리
• 수업 내용을 정리해 준다

위와 같은 학습 목표와 내용을 토대로 한국어 고급반 수업 구성에 대해 알아보면 다음과 같다.

1. 행정 도시 건설에 대한 소식을 접해 본 적이 있습니까?

2. 다음 뉴스[65]를 듣고 어떤 내용인지 요약해 봅시다.

〈수도권 규제 정책에 변화가 필요하다〉

김철수 OO부 장관은 15일 OO신문과의 인터뷰에서 "지금까지 존속되어 온 수도권 규제 정책은 결국 그 의미를 상실해 버렸다."며 앞으로 수도권 규제 정책의 전반적인 수정이 불가피하다고 밝혔다. 김 장관은 "수도권 규제 정책으로 인구의 수도권 유입을 막고 각종 공장 설립 인허가도 규제해 왔지만, 수도권 광역화를 억제하는 데에 얼마나 효과가 있었는지 의심스럽다."며 수도권으로 들어오려는 인구를 막는 소극적인 정책으로는 더 이상 버티기 힘든 현실을 감안해 수도권과 수도권 이외 지역 발전을 함께 추진하고 국토의 고른 발전을 위한 새로운 국토 균형 발전 계획을 수립할 필요가 있다고 주장했다. 김 장관의 이와 같은 주장은 행정 도시 특별법에 대한 여·야의 갈등이 증폭되고 있는 가운데 나온 의견이라 더욱 귀추가 주목되고 있다.

---

3. 다음 신문 기사를 읽고, 기사의 내용과 같으면 O, 틀리면 X로 표시하십시오.

〈국토 균형 발전 장기 계획 세워야〉

최민호 OO도지사는 또 다른 행정 도시 건설은 국내외 사정을 감안해 볼 때에 아직 시기상조라며 단순히 여러 도시를 건설하는 것만으로 수도권 인구 유입과 전국 국토의 균형적 개발이 해결될 수 있는 것은 아니라는 입장을 어제 수도권 범인사 연합회 조찬 모임에서 밝힌 것으로 알려졌다.

또 이 모임에 참석한 OO시의회 의원들도 수도권과 비수도권의 발전을 위해서는 각계의 여론을 수렴함과 동시에 면밀한 조사·분석을 토대로 체계적인 계획을 수립하여 보다 장기적인 안목으로 문제에 대처해 나갈 필요가 있다고 주장했다.

민천수 OO시의회 의장은 "수도 분할 자체가 지역 균형 발전이라는 발상을 버리고 지방의 특색을 살림과 동시에 지방별로 자율성과 재정적 능력을 확보하는 것이 더 중요한 문제"라고 지적했다.

1) 수도권 범인사 연합회는 행정 도시 건설을 앞당길 것을 촉구했다. (　　　　)

2) 수도권 법인사 연합회는 여론을 수렴한 후 장기적인 국토 발전 계획을 수립할 필요가 있다고 주장했다.(　　)

3) 수도권 법인사 연합회는 지방의 재정 능력 확충을 위한 새 법안을 마련해야 한다고 주장하고 있다. (　　)

4. 전자 게시판과 인터넷 신문에서 행정 도시 건설에 대한 찬·반 입장을 밝힌 글이나 기사를 읽고, 이를 토대로 자신의 의견을 말해 봅시다.

*** 행정 도시 건설, 조속히 추진하라 ***

우리나라는 국토가 매우 좁은 편인데도 불구하고 인구의 절반가량이 수도권에 집중돼 있다. 미국처럼 넓은 땅에 사람들이 적당히 흩어져 산다면 모르거니와 좁은 나라에서 그것도 한 곳에 사람이 밀집되어 있으니 문제가 정말 심각하다.

수도권은 사람이 몰리다보니 교육 시설이 부족하고 집값이 하늘 높은 줄 모르고 뛰어오르고 있다. 그리고 공기 오염과 교통 혼잡으로 인한 손실도 적지 않다. 게다가 우리 농촌의 현실을 보라. 젊은이는 아무리 눈 씻고 찾아봐야 찾을 수가 없는 게 현실이다. 연세가 든 노인분들이 농촌을 지키는 이 현실은 도대체 알고나 하는 얘기들인가? 이런 식으로 가다가 한국의 농촌은 어찌 된단 말인가? 어려운 농촌을 살리고 수도권과 같은 혜택을 누리게 되어야 젊은층이 농촌으로 유입될 것이다. 그리고 농업이 활력을 되찾는 것이 결국 나라의 경제를 발전시키는 길이라고 생각한다.

인터넷이 보급된 사회에서 정보나 서비스 산업도 중요하겠지만 그렇다고 해서 농업이 전무한 우리 사회를 생각할 수 있겠는가? 한 가지에만 치우쳐 생각할 것이 아니라 수도권과 비수도권을 같은 비중으로 따져야 할 때이다. 서로 잘 사는 사회가 되도록 하는 것이 정부의 역할이고 몫이다.

* 나라의 경제를 생각하라 *

요즘 행정 도시 건설과 관련하여 찬·반 논쟁이 뜨겁다. 행정 도시 건설, 이상적인 얘기다. 한 마디로 좋은 발상이다. 그러나 거기에 투입되어야 할 예산은 누가 감당하나? 지금 우리 경제는 어렵고 어려운 게 사실이다. 시내에 가면, 빈 가게가 심시치 않게 눈에 띄는 게 현실이다. 한두 푼도 아니고 그 어마어마한 돈은 결국 국민의 혈세로밖에 해결되지 않을 터인데 이 어려운 경제 현실에서 너무 멀게만 느껴진다. 지금 눈앞에 닥친 발등의 불부터 끄고 봐야 하지 않겠는가? 경제가 살고 나라가 안정돼야 국토 발전도 생각할 수 있는 것이다. 앞뒤를 재가면서 정책을 수립하고 실천해 나가는 것이 순리이다. 무턱대고 의견만 낸다고 해서 될 일이 아니다.

5. 앞에서 토론한 내용을 참고로 하여 자신의 견해를 정리하여 전자 게시판에 올려 봅시다.

이러한 수업 진행 방식이 단순히 교과서를 사용한 수업과 다른 점은 교수·학습 과정에서 다매체를 활용함으로써 학습자들이 한 가지 주제에 대해 여러 텍스트를 접해 보도록 해 주고, 언어의 네 가지 기술을 자연스럽게 연습하고 사용해 볼 수 있다는 점이다. 그리고 학습자들에게 한 가지 주제에 대해서도 다양한 정보를 제공함으로써 학습자들이 필요한 정보를 얻을 수 있음은 물론이고 현재 한국 사회에서 중요하게 다루어지는 부분들이 무엇인지 이해하도록 도울 수 있는 장점이 있다.

6-2. 다매체를 활용한 한국어 교육 방안 2

광고(advertising)는 '돌아보게 하다', '주의를 돌리다'라는 의미를 가지고 있는 라틴어의 'adverter'에서 기원한 것으로,(이종은, 1998: 3) "상품이나 서비스에 대한 정보를 여러 가지 매체를 통하여 소비자에게 널리 알리는 의도적인 활동"[66]을 의미한다.

인간이 존재하는 한 무엇인가 소비하게 되어있고, 새로운 것을 인식하고 배우게 되어 있기 때문에 광고는 지속적으로 만들어지고 배포될 수밖에 없다. 따라서 광고는 의식적이든 무의식적이든 우리 삶의 거의 매순간 접하게 되는 것이 사실이다. 이렇게 광고는 우리 삶에 직·간접으로 많은 영향을 미치고 있으며, 일반적으로 다음과 같은 기능을 가지는 것으로 생각된다.[67]

첫째, 정보전달 기능이다. 광고는 제품, 서비스, 이념, 정책 등을 수신자(소비자)에게 널리 알리고 필요한 정보를 제공한다. 또한 광고를 통해 수신자가 제품이나 서비스에 대한 지식을 갖게 하기도 하며, 수신자의 필요에 대한 인식을 일깨워 주기도 한다.

둘째, 광고는 설득적인 기능을 지닌다. 광고가 특정 주제나 정보를 제공하면 수신자는 이로 인해 생각이나 감정의 변화를 받게 되고 그 결과 해당 제품을 구입하거나 광고가 제공하는 신념이나 정책 등을 받아들이게 된다.

셋째, 광고는 경제적 기능을 지닌다. 광고를 통해 수신자들의 구매

욕구가 높아지게 되면 보다 많은 양의 제품 제작과 유통이 가능해지며 더 많은 제품의 생산을 촉진하고 이로 인해 제품 가격의 안정과 산업의 활성화를 기대할 수 있다.[68]

넷째, 광고는 오락적 기능을 가진다. 애초에 광고가 제작된 목적은 제품이나 신념 등을 전달하고 사람들의 마음을 움직여 소기의 목적한 행동으로 이끌어 내려는 것이지만 광고에서 사용되는 장면, 대사, 문구, 음악, 의상 등은 수신자의 관심과 흥미를 유발하게 되고 재미와 오락을 제공하기도 한다.

다섯째, 광고는 교육적 기능을 가진다. 광고를 통해 수신자를 설득하려다 보니 광고에서는 많은 정보를 제공하게 마련이다. 따라서 제품의 특징이나 교환 방법, 보상 경로 등에 대한 내용도 광고에 포함될 수 있기 때문에 수신자가 해당 제품에 대해 많은 것을 알 수 있게 된다. 또한 광고를 통해 알게 된 정보를 활용하여 수신자가 비슷한 제품을 비교해서 선택하거나 판단할 수 있게 해주기도 한다.

여섯째, 광고는 사회변화의 기능을 지닌다. 예를 들어 공익 광고의 경우는 사회에서 필요로 하는 새로운 개념이나 가치관, 정책 등을 알리고 선도하는 역할을 담당한다. 따라서 광고를 통해 수신자의 태도나 가치관에 변화가 일어나고 보다 긍정적이고 바람직한 방향으로 나아갈 수 있게 된다. 바로 광고의 이러한 측면이 종국적으로 사회의 변화와 발전으로까지 이어지게 되는 것이다.

일곱째, 광고는 문화적인 기능을 지닌다. 광고는 해당 사회에서 필요한 내용을 중심으로 제작되기 때문에 당대의 삶과 사람들의 요구에 부합한 내용으로 구성된다. 결국 이러한 측면이 광고에 반영되다 보니, 생활과 연관된 문화와 가치를 창조해 내는 기능까지 수행하게 되는 것이다.

그리고 송신자인 광고주의 의도에 따라 제작된 광고는 수신자인 소비자에게 다음과 같은 경로와 과정을 거쳐 전달되는 것으로 보인다.

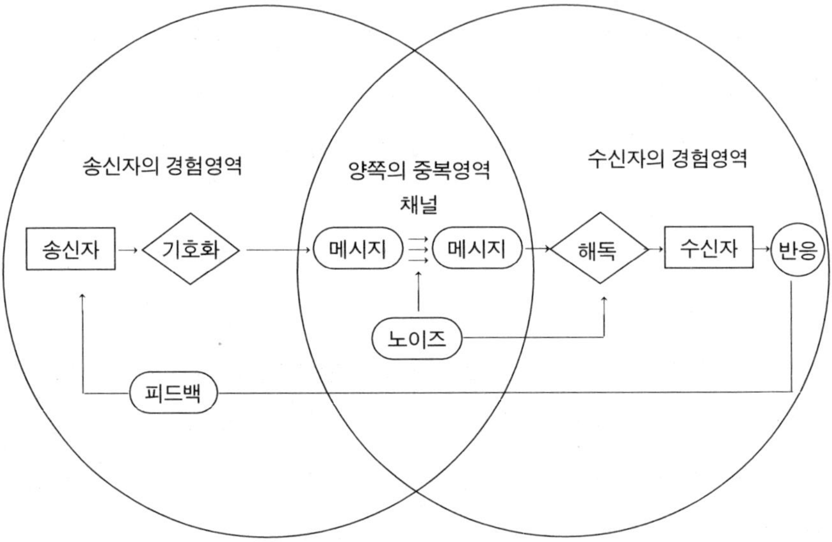

〈그림 22〉 [광고] 커뮤니케이션 프로세스의 최종모델
(清水公一, 1993: 109; 이종호, 1996: 38에서 재인용)

위의 그림에서 보는 것처럼 송신자(sender)인 광고주는 전달하고자 하는 생각이나 의도를 가지고 있다. 따라서 송신자는 자신이 의도하는 바를 기호화(encoding)한다. 여기서 말하는 기호화란 "광고주의 의도를 메시지(message)의 형태로 변환하는 과정"(이종은, 1998: 7)을 의미한다. 즉 기호화란 광고 메시지를 전달하기 위해 음악, 언어, 문자 등으로 표현하여 제작하는 과정이다. 그 다음에 기호화된 메시지는 여러 채널을 통해 수신자에게 전달된다. 그런데 메시지가 전달될 때 매체의 문

제나 왜곡 등 예측하지 못한 일들로 인해 방해가 생기게 되는 경우가 있는데 이것이 노이즈(noise)에 해당된다. 이러한 과정을 통해 전달된 메시지는 수신자에 의해 해석이 이루어진다. 즉, 해독(decoding)은 "송부되어 온 기호를 본래의 의미로 되돌리는 것"(이종은, 1996: 37)이다. 그리하여 수신자는 광고주로부터 전달된 메시지를 이해하고 이를 토대로 어떠한 반응(response)을 보이게 된다. 예를 들어 전달된 메시지에 따라 행동을 하여 제품을 구입하거나 전달된 신념, 가치관 등을 받아들이는 것을 말한다. 그 다음으로는 전달된 메시지에 대한 수신자의 반응에 따른 송환(feedback)이 송신자에게 주어지게 된다.(이종호, 1996: 34-38; 이종은, 1998: 7-8)

광고는 위와 같은 경로를 통해 광고주의 의도를 수신자에게 전달하고 소기에 목적한 어떤 변화와 반응을 유도해 나가는 과정이다. 따라서 광고를 통한 의사소통은 다음과 같은 특징을 가지는 것으로 생각된다.(이종호, 1996: 40)

- 광고는 소비자를 대상으로 하는 것이기 때문에 일대일의 의사소통적 측면보다는 대중적이고 사회적인 성격이 강하다.
- 광고는 직접적으로 물건을 판매하는 행위는 아니기 때문에 광고주의 의견이나 의도를 간접적으로 전달하는 것이다.
- 광고의 메시지를 전달하기 위해서 사용되는 구성, 음악, 문구 등은 창조적인 성격이 강하다.
- 광고는 반복적으로 수신자에게 전달되는 경향이 있다.

그리고 광고는 광고의 목적과 전달 매체 등 여러 가지 분류 기준에 따라 다양하게 나누어 생각해 볼 수 있다.

〈표 19〉 광고의 종류

분류 기준	차원	광고의 종류
매체	방송광고	텔레비전, 라디오, 케이블 텔레비전 등
	인쇄광고	신문, 잡지, 전화번호부 등
	옥외광고	광고 선전탑 등
	광고지광고	전단지 등
	직접우송광고	잡지, 신문, 엽서, 사보지 등을 이용한 광고
	교통광고	버스, 지하철, 이동광고차량 등
	인터넷광고	배너광고, 이메일광고, 컨텐츠광고 등
	기타	PC통신 광고, 모바일광고 등
광고주	제조업자 광고	제품이나 서비스를 직접 생산하는 제조업자가 하는 광고
	소매업자광고	백화점, 편의점, 할인점 등의 광고
	협동광고	소매업자와 제조업자 혹은 소매업자들이 모여 함께 광고하는 유형
메시지 수용자	소비자대상 광고	일반 소비자를 대상으로 하는 광고
	사업자대상 광고	산업광고, 거래광고, 전문인광고, 농업광고 등
광고 내용	기업	제품광고, 서비스광고, 기업광고
	공익	음주운전방지광고, 금연광고, 마약금지광고 등
	정치	정치광고
광고 목적	인식광고	자사 상표를 인식시키기 위한 광고
	비교광고	다른 경쟁상표보다 자사 상표의 우월성을 알리기 위한 광고

	상기광고	소비자의 이미 알고 있는 상표에 대한 기억강화를 위한 광고
광고의 노출 지역	국제광고	자국의 국경을 넘어 해외에서 이루어지는 광고
	전국광고	한 국가의 전 지역에서 노출되는 광고
	지역광고	한 국가 내에서 일부지역에만 노출되는 광고
특수목적	PPL	영화나 텔레비전 프로그램에 제품을 위치시키고 자연스럽게 그 제품의 상표를 노출시키는 광고
	티저광고	광고캠페인 중 주 광고에 대한 호기심을 유발하기 위해서 앞서 시행되는 광고
	POP	소매점내에 전시되어 고객의 구매심리를 자극하는 광고
	정정광고	광고의 기만 또는 오도된 내용을 정정하는 광고
	직접반응 광고	측정 가능한 반응을 창출하기 위해 우편, 전화, 인터넷 등의 매체를 이용하는 광고
	인포머설	정보와 광고의 합성어로 한 번에 짧게는 2분에서 30분 정도의 시간을 들여 하나의 제품에 대해 집중적인 정보를 전달하는 광고
	녹색광고	환경을 내용으로 하는 광고로서 기업의 환경정책을 알리고 기업의 녹색이미지를 형성하는 광고

(이두희, 2002: 19)

이러한 광고의 분류는 광고의 종류와 내용에 대한 이해를 높여줄 뿐 아니라, 교사가 광고를 중심으로 한 수업을 진행할 경우에 수업 목적에 따른 광고 선정에 도움이 될 것으로 보인다. 또한 광고학적인 관점이 아닌 교육적 관점에서 볼 때에는 다음과 같은 광고의 분류도 가능할 것으로 생각된다.(진혜영, 2003: 21-26)

•시각자료: 주로 지면을 활용한 인쇄 광고가 해당된다. 교육적 측면에서 다루기 쉽고 보존하기 쉽다. 읽기나 쓰기 자료로 활용하기에 적합하다

•청각자료: 청각 자료의 대표적인 것은 라디오 광고이다. 언어, 소리, 음악 등을 주로 사용하기 때문에 기억하기 쉽고, 학습자의 정서적 안정에 도움이 된다. 듣기 교육에 적합하다.

•시청각자료: 텔레비전, 영화, 인터넷 등을 이용한 광고이다. 시각과 청각을 모두 사용하므로 학습자가 내용에 집중하기 좋으며 기억하기 쉽다. 목표어 문화를 접하기에 용이하다. 듣기나 말하기 교육에 적합하다.

앞에서 살펴본 대로 광고는 광고주의 어떤 특정한 목적에 따라 제작되고 배포되는 것이지만, 광고의 내용이 인간 삶의 거의 모든 부분을 담고 있고, 끊임없이 갱신되고 생산된다는 점과 우리 삶에 밀착되어 있다는 점에서 교육적 자료로 충분히 활용될 수 있다고 생각된다. 특히 다음과 같은 측면에서 광고의 교육적 활용에 가치가 있다고 본다.[69]

첫째, 광고는 학습자에게 흥미와 재미를 더 하는 수업 자료로 활용될 수 있다. 요즘은 교과서 이외에도 영화, 드라마, 뉴스 등을 한국어 수업에 도입하고자 하는 경우도 많이 늘어나고 있다. 이러한 여러 경로와 자료의 활용은 매우 고무적이며 바람직한 현상이라고 생각한다. 그런데 다른 매체를 통한 교육과 광고와의 가장 큰 차이점은 대부분의 광고가 매우 짧으면서도 다양한 내용과 소재를 다룬다는 점이다. 따라서 학습자들은 학습 내용에 집중하기 쉽고 내용 이해를 위한 반복에도 크게 지루해하지 않을 수 있으며 오래 기억할 수 있다. 또한 광고의 성격상 삶의 거의 모든 영역과 연계되기 때문에 기존 학습 내용이나 교과서 내용과 관련지어 수업할 때도 도움이 될 수 있다.

둘째, 앞에서 언급하였듯이 광고는 우리 삶에 직결된 내용들로 구성되어 있기 때문에 현실적인 삶의 요구와 내용에 대해 이해하기 쉽고, 당대의 문화에 대해서도 많은 내용을 접할 수 있게 해주는 장점이 있다.

셋째, 학습자에게 생생하고 다양한 언어 양상을 접할 수 있는 기회를 제공해 준다. 광고는 단순히 정보를 제공하거나 무엇을 알리는 것이 아니라, 전달 내용을 통해 수신자의 생각, 태도, 감정의 변화를 이끌어 내어 광고주가 소기에 목적한 바대로 행동하도록 하는 분명한 방향성을 가지고 제작된 것이다. 따라서 광고에 포함되는 음악, 배경, 의상, 언어 등은 수신자를 끌어들이는 힘이 있어야 한다. 그렇기에 광고에 사용되는 언어는 짧으면서도 집약적이고 생동감있는 내용으로 구성되어 학습자에게 살아있는 언어 감각과 내용을 느끼고 이해하도록 해주는 장점이 있다.

조금 더 열린 시각으로 우리 주변을 돌아보면 참으로 단순하고 일상적인 것들도 그 의미와 가치를 더하며 새롭게 사용될 수 있다. 물이나 공기가 늘 우리 주변을 채우고 있어도 그 존재를 의식하기 힘든 것처럼 광고도 우리 삶과 분리되어 생각할 수 없는 것이다. 광고를 활용할 때에 일상을 교육과 연계한다는 생각을 가지고 접근한다면, 짧은 문구나 몇 개의 장면으로도 큰 교육의 효과를 거둘 수 있을 것이다.[70] 다음은 공익 광고를 중심으로 한국어 수업을 구성하는 방안에 대해 고찰한다. 우선 이와 관련된 학습 목표에 대해 살핀다.

A. 학습 목표

가. 공익광고를 보고 그 내용을 이해할 수 있다.

나. 광고를 보고 난 후의 느낌을 정리해서 전자 게시판에 글을 올릴 수 있다.

다. 서로 돕는 사회의 중요성에 대해 자신의 생각을 정리해서 발표할 수 있다.

B. 학습자 한국어 수준

고급

C. 학습 지도안

1. 도 입
• 학습자들에게 특별히 기억에 남는 광고가 있는지 상기시키고 그 이유에 대해 답하도록 한다.
2. 활 동
• 교사는 수업과 관련된 텔레비전 광고 자료를 제시하고 소리 없이 화면만 보여주어 어떤 내용의 광고인지 추측해서 발표하도록 한다.(전체 활동) • 교사는 광고를 소리와 함께 제시하고 학습자들이 보고 들은 내용을 이해했는지 확인한다.(전체 활동) • 교사는 학습자들이 광고의 핵심 메시지를 파악했는지 질문한다.(전체 활동) • 학습자들이 광고를 보고 느낀 점을 정리하여 100자 평 쓰기에 자신의 소감을 올리도록 한다.(개별 활동) • 서로 돕는 사회의 중요성에 대해 학습자들이 자신의 견해를 발표하도록 한다.(소그룹 활동/ 전체 활동)
3. 마무리
• 수업 내용을 정리해 주고 아름다운 사회를 만들어 가는 것의 중요성을 일깨워 준다.

위의 학습 목표와 지도안 내용을 중심으로 광고를 활용한 수업 구성에 대해 알아보면 다음과 같다.

◈ 여러분이 본 광고 중에서 기억에 남는 것이 있습니까? 어떤 점 때문에 기억에 오래 남았는지 이야기해 봅시다.

◈ 광고 화면을 보고 답하십시오.[71]

1. 무엇에 대한 광고인 것 같습니까?

◈ 이번에는 화면을 보면서 대사를 잘 듣고 답하십시오.

1. '함께 걸어가는 사회'가 무슨 뜻입니까?

2. 이 광고에서 전하고자 하는 메시지는 무엇입니까?

3. 여러분은 이 광고를 보고 무엇을 느꼈습니까? 자신이 느낀 점을 요약해서 100자 평 쓰기에 올려봅시다.[72]

◈ 서로 돕는 사회가 왜 중요한지 여러분의 생각을 정리해서 말해 봅시다.

신문, 잡지, 버스, 지하철 그 어디에는 광고는 무수히 게재되고 있으며, 광고의 성격상 비교적 짧은 순간에 수용자의 마음을 움직여야 하는 특성 때문에 그 기법이나 아이디어들이 기발하고 다양할 수밖에 없다. 광고가 가지고 있는 기발함과 시대성, 설득적인 표현 등을 교육적 측면에서 새롭게 조명하고 활용할 때 광고의 새로운 가치가 피어나며 활력이 넘치는 한국어 수업 현장을 기대할 수 있을 것으로 생각된다.

미 주

1) 컴퓨터의 역사에 관한 내용은 전석호(1993: 61-70), http://kr.dic.yahoo.com/search/enc/result.html?p=%C4%C4%C7%BB%C5%CD&pk=18957000&subtype=&type=enc&field=id, http://100.naver.com/100.nhn?docid=151218을 참조한 것이다.(검색일자: 2007. 2. 27)

2) http://kr.dic.yahoo.com/search/enc/result.html?p=%C4%C4%C7%BB%C5%CD &pk=18957000&subtype=&type=enc&field=id에서 인용(검색일자: 2007. 2. 27)

3) 프로토콜은 “상호 다른 환경과 기술적인 특성을 지니고 있는 네트워크 간에 표준과 같은 규약을 제정하여 통신함으로써 불일치되는 문제점을 해결하고 원활하게 정보 및 데이터를 교환할 수 있도록 고안된 것이다.” (성동규 · 라도삼, 2000: 48)

4) 성동규 · 라도삼(2000: 45)에 따르면, 인터넷은 다음과 같은 단계를 거쳐 발전 · 확장되어 온 것으로 보인다.

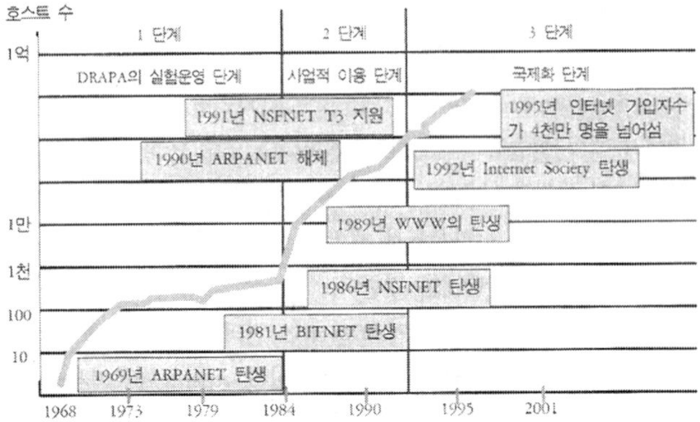

〈그림 1〉 인터넷의 발전과 변화

5) 성동규 · 라도삼(2000: 40)에 의하면, 인터넷 개발에 참여한 사람들은 이른바 "히피(Hippie) 정신"을 가지고 있었다고 한다. 여기서 말하는 히피 정신은 자유로운 히피들의 생활방식을 뜻하는 것이 아니라 "무소유(無所有)"를 지향했다는 것을 의미한다.

6) Morris와 Ogan(1996: 42-43)은 생산자와 수용자의 관계를 기초로 하여 인터넷 커뮤니케이션을 ① 일 대 일의 비동시적 커뮤니케이션 ② 다 대 다의 비동시적 커뮤니케이션 ③ 일 대 일, 일 대 소수 및 일 대 다의 동시적 커뮤니케이션 ④ 다 대 일, 일 대 일 및 일 대 다의 비동시적 커뮤니케이션의 네 가지로 구분한다.(이재현 2005: 41에서 재인용)

7) "메시지가 송신자에게서 수신자에게로 분배되는 방식에 있어서 인터넷은 다양한 패턴을 보여주는데, 대체로 다음의 여섯 가지 방식"(이재현, 2005: 25-26)이 있다.

· 일 대 일(Point to Point) : 한 명의 송신자가 한 명의 수신자에게 메시지를 보내는 경우 (예: 전자우편)
· 일 대 다(Point to Multipoint): 한 명의 송신자가 다수의 특정 수신자들에게 메시지를 보내는 경우(예: 메일링 리스트, 리스트 서브 등)

· 일 대 서버 방송(Poin to Server Broadcast): 한 명의 송신자가 메시지를 서버에 보내고 서버가 이 메시지를 적절한 클라이언트 소프트웨어를 갖고 있는 불특정 다수에게 송신하는 경우(예: IRC, 유즈넷 등)
· 일 대 서버 협송(Point to Server Narrowcast): 한 명의 송신자가 메시지를 서버에 보내고 서버가 이 메시지를 적절한 클라이언트 소프트웨어(그리고 ID와 패스워드)를 갖고 있는 특정 집단에게만 송신하는 경우(예: MU 시스템)
· 서버 방송(Server Broadcast): 서버가 저장하고 있는 정보를 적절한 클라이언트 소프트웨어를 갖고 있는 이용자 누구에게나 접근할 수 있도록 하는 경우(예: 웹 사이트들, FTP)
· 서버 협송(Server Narrowcast): 서버 방송의 특정한 경우로서, 서버가 접근이 허용된 특정 집단에게만 정보를 제공하는 경우

8) Shneiderman(1989: 115-131)은 하이퍼텍스트의 세 가지 황금률을 다음과 같이 제시하고 있다.(엘지커뮤니카토피아연구소, 1999: 283에서 재인용)

1. 큰 덩치의 정보가 많은 수의 조각들로 짜여져 있다.
2. 그 조각들은 서로 서로 관련되어 있다.
3. 사용자는 언제나 조그만 부분만을 필요로 한다.

9) 정보사회라는 용어는 1960년대 일본 학자인 우메사오 타다오, 하야시 유지로 등이 사용하기 시작한 것으로 알려져 있다.(신윤식 외, 1992: 29)
10) 이 부분은 국어교육연구 12집에 "홈페이지 기행문 중심의 한국어 쓰기 교육 방안"(2003b: 132-136)이라는 제목으로 발표된 논문 및 겨레어문학 35집에 "인터넷 신문을 활용한 한국어 수업 구성 방안 연구"(2005c: 5-11)라는 제목으로 발표된 논문을 수정 · 보완한 것이다.
11) 한유경(1997: 5)은 정보통신 기술의 발전이 교육 환경에 많은 영향을 끼치고 교육의 장에서도 여러 가지 변화가 있을 것이라고 주장하면서 다음

과 같은 교육 환경의 변화를 주목해야 한다고 주장하고 있다.

첫째, 정보기술 그 자체가 영어, 수학, 국어와 같은 도구 과목이 된다. 산업화 시대에는 단순 문해력, 또는 기능 문해력이 필요했다면 정보화 대[*sic*]에는 정보기술 문해력이 필요하다.

둘째, 교육 내용, 특히 교과 교육이 근본적으로 달라질 수 있다. 정보와 지식의 디지털화로 상이한 교과의 결합과 분해가 보다 용이해지며, 따라서 지금과 같은 칸막이식의 교과 운영은 곧 사라질 운명에 처해 있다. 고등교육에서의 학제간 연구 접근 방식은 초·중등교육에서의 교수 방식도 탈교과 및 통합 교과적 방식으로 전이하게 될 것이다.

셋째, 교육 원료로서의 교재, 교과서 등에 일대 혁명이 불 것이다. 따라서 일정한 주기로 개발, 활용되는 지물 텍스트는 그 효용성이 감소하는 반면, 쉽게 갱신될 수 있는 멀티미디어 전자 자료가 그 자리를 대신하게 될 것이다. 이 역시 자족형(stand-alone)에서 공유형(on-line network)으로 바뀔 것이다. 궁극적으로 교과서는 사라지고 다만 학습할 내용과 결과만을 표시하는 교육과정으로 학교 교육이 이루어지는 시대가 도래할 것이 예상된다.

넷째, 교육 방법 면에서 집체, 획일, 규격 교육은 자취를 감추는 대신 교사나 동료 또는 학부모 등 다변화된 자원 인사의 지도에 의한 개별 교수-학습이 일상화될 것이다.

다섯째, 교육 체제의 운영 면에서 교육의 효율적 운영을 위한 잠재력이 커져 동일한 비용으로 더 많은 사람에게 보다 양질의 교육 서비스를 제공할 수 있을 것이다. 요약하면, 가르치는 사람 위주의 '교육'이 아닌 배우는 사람 위주의 '학습'으로 교육 체제가 바뀔 것이다. 획일적이고 단순한 '공교육' 의 독점 체제가 다양하고 복잡한 '사적 학습'의 시장 기제로 대체될 것이다.

12) 이 부분은 한말연구 18집에 "다매체를 활용한 한국어 통합 교육 방안: 고급 수준 학습자를 중심으로"(2006: 23-26)라는 제목으로 발표된 논문을 수정·보완한 것이다.

13) 본 연구에서 제시하는 내용들은 권성호(2003)와 손병길(1999)에 근거한 것이다.

14) http://dic.mk.co.kr/menuNew/dicText.php?dic_key=13886에서 인용 (검색일자: 2007. 3. 24)

15) http://terms.naver.com/item.nhn?dirId=200&docId=12543에서 인용 (검색일자: 2007. 2. 27)

16) http://mail.uos.ac.kr/mail/mailread_1.html?m=7&n=1&o=3&d=0&i=12&opentype=0에서 인용(검색일자: 2007. 2. 27)

17) 이메일 활용의 교육적 의의는 신동술(2002: 94-95)과 장지희(2001: 10-11)를 참조한 것이다.

18) 진혜영(2003: 11-13)에 따르면 실제 자료의 효용성은 다음과 같다.

① 실제 자료는 학습자를 자신과 관련있는 밀접한 상황과 접하게 함으로써 진정 그들이 필요로 하는 학습 영역의 학습 욕구를 채워줄 수 있다.

② 실제 자료는 학습자의 관심과 동기를 자극할 수 있는 중요한 수단이 된다.

③ 실제 자료는 학습자가 자율적으로 공부하도록 이끌 수 있다.

④ 실제 자료가 제시하는 언어 내용과 대화는 의사소통 능력을 기르고자 하는 학습자들이 반드시 배워야 할 내용이다.

⑤ 실제 자료는 그 언어를 모국어로 사용하는 사회 공동체의 생활 방식을 사실적이면서도 풍부하게 제공하여 줄 수 있다.

⑥ 실제 자료는 의사소통 도구로서 다양한 언어 사용 형태를 효율적으로 학습할 수 있도록 학습자에게 언어 사용에 필요한 정보들을 제공해 준다

19) http://by129fd.bay129.hotmail.msn.com/cgi-bin/getmsg?msg=83073C24-5E54-479F-8682-E04FBA54E43E&start=0&len=52435&msgread=1&imgs

afe=n&curmbox=00000000%2d0000%2d0000%2d0000%2d000000000001&a=ca532f1dd2560d98afe37021c857d34e844e1bf040296da53f775bcb371fcd에서 인용(검색일자: 2007. 2. 27)

20) 이카드(e-card)는 "웹상에서 통용되는 디지털 인사 카드나 우편엽서"를 말한다.
http://word.tta.or.kr/index.jsp에서 인용(검색일자: 2007. 3. 24)

21) 이 카드를 활용한 한국어 교육 방안은 Gitsaki & Taylor(2000: 18-21, 59)의 내용을 기초로 한 것임을 밝혀둔다.

22) 전자 게시판이란 "중앙 컴퓨터와 개인의 단말기를 통신망으로 연결하고 가입한 사람들에게 여러 가지 서비스를 제공하는 게시판 시스템"을 말한다.
http://korean.go.kr/06_new/dic/search_input.jsp에서 인용(검색일자: 2007. 2. 27)

23) http://kr.dic.yahoo.com/search/term/result.html?p=%C0%FC%C0%DA%B0%D4% BD%C3%C6%C7&pk=13651&type=eco&field=id에서 인용(검색일자: 2007. 2. 27)

24) http://www.uos.ac.kr에서 인용(검색일자: 2007. 4. 14)

25) 본 연구에서 제시하는 전자 게시판 활용의 효용성에 대한 견해는 신진(2002: 21-24)을 참조한 것이다.

26) 이 내용은 http://www.uos.ac.kr/korbrd/bfbc010.do의 글을 바탕으로 재구성한 것이다.(검색일자: 2007. 2. 27)

27) 이 부분은 국어교육연구 12집에 "홈페이지 기행문 중심의 한국어 쓰기 교육 방안"(2003b: 136-146)이라는 제목으로 발표된 논문, 한국어교육 14권 3호에 "하이퍼텍스트 작문의 특성과 한국어 작문 교육 방향"(2003c: 53-63, 71-74)이라는 제목으로 발표된 논문, 그리고 한말연구 16집에 "블로그를 활용한 한국어 표현 교육 방안 연구"(2005b: 25-39)라는 제목으로 발표된 논문을 중심으로 수정 · 보완한 것이다.

28) http://100.naver.com/100.nhn?docid=771364에서 인용(검색일자: 2007. 2. 27)

29) http://kr.dic.yahoo.com/search/enc/result.html?pk=14313250&p=블로그%20&field=id&type=enc에서 인용(검색일자: 2007. 2. 27)

30) 블로그와 미니홈페이지를 다르게 보는 경우와 이를 같은 부류로 보는 두 가지 견해가 있다. 예를 들어 블로그에서는 글과 제목이 첫 화면에 함께 나타나지만 미니홈페이지에서는 제목만 나타나는 경우가 많고, 블로그가 각각의 게시물에 대한 고유 주소를 가지지만, 미니홈페이지에서는 그렇지 않기 때문이다. 그러나 미니홈페이지가 나름대로의 기술적인 지원과 특성을 갖추어 독특한 의사소통의 장으로 새롭게 각광 받는 것 또한 사실이다. 이러한 측면에서 미니홈페이지를 블로그가 새롭게 진화하여 정착한 것으로 생각하여 이른바 "한국형 블로그"라고 주장하기도 한다.(우지수, 2005: 9-11) 이에 본 연구에서는 미니홈페이지가 블로그에 포함되는 것으로 간주한다.

31) http://www.cyworld.com/shenjing123에서 인용(검색일자: 2007. 3. 13)

32) 블로거(blogger)는 넓은 의미로 "블로그를 사용하는 사용자"를 뜻하며 좁게는 "블로그 사이트를 운영하는 사람들"을 의미한다.(김중태, 2004: 36)

33) www.cyworld.com/shine1115에서 인용(검색일자: 2007. 4. 4)

34) 김중태(2004: 582)에 따르면, 블로깅이 다음과 같은 점에서 사회에 영향을 미치게 될 것이라고 한다.

① 평범한 사람들이 가지고 있는 경험과 지식이 콘텐트로[*sic*] 생산된다.
② 기존 매체에서 다루지 못하는 부분들을 다루는 콘텐트가[*sic*] 생산된다. 주관적이고 개인적이며 세밀하고 사실적인 콘텐트가[*sic*] 생산된다.
③ 새로운 전문가의 배출이 는다.
④ 블로거들의 활동으로 인해 해당 분야의 활동이 좀더 양방향으로 전개된다.
⑤ 소수 전문가 집단의 정보 교류가 활발해지면 해당 분야의 흐름에 영향력을 행사한다.

35) 하이퍼텍스트 작문에는 이메일이나 대화방에서의 글쓰기, 블로그 글쓰기

등이 모두 포함되며 다음과 같은 과정을 거치는 것으로 보인다.(김영만, 2003c: 73)

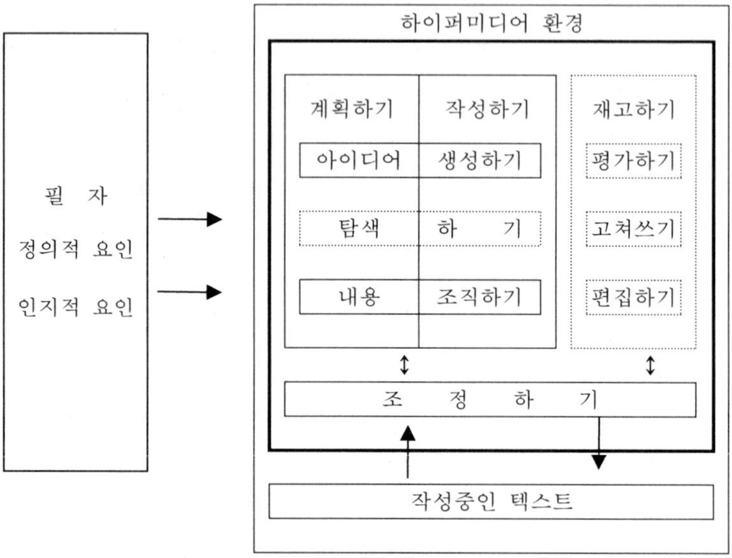

〈그림 2〉 하이퍼텍스트 작문 모형

위의 그림에서 보듯이 하이퍼텍스트 작문에서는 계획하기와 작성하기가 거의 동시에 이루어지며, 경우에 따라 재고하기, 평가하기, 고쳐쓰기, 편집하기 등이 생략될 수 있을 것으로 생각된다.

36) 가상공간의 독자들 중에서 약 75%가 주로 정보를 검색하고 모으는 데에 관심이 높은 것으로 보인다.(McGovern et al, 2002: 22)

37) 하이퍼텍스트 작문이 일반 작문과 어떠한 점에서 차이가 있는지를 알아보기 위해서 한국외국어대학교 재학생 112명을 대상으로 2003년 6월에 자기소개 작성, 설문 조사 및 심층 면접을 실시하였다. 대학생을 실험 대상으로 선정한 이유는 하이퍼텍스트 작문 교육에 대한 연구가 현재까지 그다지 많이 이루어진 부분이라고 할 수 없으므로, 보다 정확하고 신뢰도

높은 조사를 실시할 필요가 있었기 때문이다. 따라서 일정 수준의 쓰기 능력과 학력, 컴퓨터 활용도와 친숙도를 가진 대학생을 실험 대상으로 선정하여 하이퍼텍스트 작문의 일반적 특성을 우선 도출해 내고 이를 한국어 교육에 적용하는 방식을 택하였다. 본 연구에서 제시하는 면접 내용은 이 실험에 참여한 학생들이 응답한 내용의 일부이다.

38) 아래의 예시처럼 블로그에 게재되는 글의 대부분은 문단 사이나 문장 사이의 간격을 넓게 하는 경우가 많다.

아~ 200% 만족 속초 1박 2일 여행!

우선, 곧 결혼한다는 행복한 소식을 전해 준 토모꼬 언니 &문수 오빠 커플의 호텔식 싸비스에 무한한 감사를!!! ^ ^ (또 놀러갈끄당~)

9월 9일 토요일, 아침 9시 버스를 타고 출발출발~ 3시간은 결코 길지 않았다. 재미난 추리소설 &음악이 있었기에. (우등고속 1인석은 장난아니게 편하다. 크큭)

점심 무렵 도착, 바닷가의 어떤 짬뽕집엘 갔는데, 전국 각지에서 관광버스타고 이 집 "짬뽕" 한 그릇 먹을라구 온다고들 했다. (믿거나 말거나, 암튼 무쟈게 맛있었음.)

고 다음, 낙산 해수욕장에 바다를 보러 갔다. 뛰어들고 싶은 맘 간절했으나, 추워서리...- -;;; 발만 살짝 담갔는데 깜짝 놀랐다. 차가워서...- -;;;

그리고, 몇년 전 불에 몽땅 타버린 낙산사에 올라갔는데, 아...,정말, 화마의 흔적이 아직 곳곳에 있어 맘이 좀 그랬다. 언덕 위에 나무 한 그루의 비호 없이 덩그러니 서 있던 해수관음상이 너무나 외로워보였다. 그러나, 그 멋진 경치를 매일매일 마주하고 계시다니, 부럽사아와요, 해수관음상

님. 토모끄 언니가 대웅전 벽화에 그려져 있던 원효&의상의 이야기를 물어보는 통에 설명하느라 땀 삐질...^^;

걷기 운동을 열심히 했으니, 또 먹으러 갔지. 일단, 대포항에서 새우튀김을 가볍게 먹어주시고, 대포항은 때가 많이 묻어서 싫다는 문수오빠의 리드로 외옹치항에 가서 회를 사왔다. 인심 좋으시더만~ 싱싱한 광어 + 우럭 + 오징어 + 멍게 + 소라 + 매운탕거리 = 40,000원. 오예에~ 맥주랑 같이 캬아아~~~ 정말 맛있었구먼유.

http://www.cyworld.com/shine1115에서 인용(검색일자: 2007. 3. 23)

39) www.cyworld.com/shine1115에서 인용(검색일자: 2007. 4. 4)

40) 최미숙(2006: 219)의 다음과 같은 주장도 참여적이고 창조적인 활동의 중요성을 강조하는 것으로 보인다.

소통이란 수용만으로 이루어지는 것이 아니며, 수용과 동시에 스스로 표현하고 생산할 수 있어야 원활한 소통이 이루어진다. 수용하는 경험, 생산하는 경험의 상호작용을 통해 매체 언어와 매체 텍스트의 수용과 생산에 관여하는 다양한 가치와 힘의 관계를 파악하고, 이를 바탕으로 한 사회의 일원으로서 좀더 의미있는 창의적인 소통 능력을 지니는 데 도움을 얻을 수 있을 것이다.

41)

〈표 1〉 컴퓨터 화면 구성 요소 선호도

		빈도	%	유효 %	누적 %
응답	문장으로 구성된 것(문장 위주로 구성된 것)	1	3.2	3.2	3.2
	문장과 그림이나 사진으로 구성된 것	13	41.9	41.9	45.2

	문장과 음악(소리)으로 구성된 것	3	9.7	9.7	54.8
	문장과 동화상으로 구성된 것	2	6.5	6.5	61.3
	문장, 그림, 음악, 동화상, 사진 등이 모두 합쳐져서 구성된 것	12	38.7	38.7	100.0
	합계	31	100.0	100.0	

이 설문조사는 2003년 11월 성남정보고등학교 학생 31명을 대상으로 실시한 결과이다. 설문조사 결과, 컴퓨터 화면이 '문장과 그림이나 사진으로 구성된 것'이나 '문장, 그림, 음악, 동화상, 사진 등이 모두 합쳐져서 구성된 것' 등의 선호도가 '문장 위주로 구성된 것'보다 훨씬 높게 나타냈다.(김영만, 2004b: 123)

42)

〈표 2〉 하이퍼텍스트 작문과 일반 작문의 특성 비교

	일반 작문	하이퍼텍스트 작문
구상개요의 정도	높음	낮음
퇴고의 정도	높음	낮음
사용하는 문체	문어체	구어체
문장의 완성도	높음	낮음
텍스트의 특성	고정적, 폐쇄적	가변적, 개방적
작가의 권위	높음	낮음
작가의 결정성	고정적	가변적
작가와 독자와의 관계	수직적	수평적

이 내용은 김영만(2003a: 76)에서 제시한 것을 표로 재구성한 것이다.

43) http://www.cyworld..com/danyoo에서 인용(검색일자: 2007. 4. 2)

44) 이 부분은 국어교육연구 12집에 "홈페이지 기행문 중심의 한국어 쓰기 교육 방안"(2003b: 146-149)이라는 제목으로 발표된 논문을 수정 · 보완한 것이다.

45) http://www.cyworld.com/shine1115에서 인용(검색일자: 2007. 3. 26)

46) 이 부분은 겨레어문학 35집에 "인터넷 신문을 활용한 한국어 수업 구성 방안 연구"(2005c: 5-6, 11-23)라는 제목으로 발표된 논문을 수정 · 보완한 것이다.

47) 인터넷 신문의 장점 및 특성에 대한 설명은 계정림(1999: 11-13), 김도운(2002: 14, 22), 박성호 (2002: 93-103), 이강현(2003: 12-16)을 참조한 것이다.

48) 인터넷에 올라와 있는 자료들은 그 다양성과 방대함이 큰 장점이기는 하나, 어떤 내용을 교육 자료로 선정할지에 대해서는 신중히 생각해 볼 필요가 있다. 이러한 관점에서 이재윤(2004: 69)은 다음과 같은 사항을 고려할 것을 제안하고 있다.

① 정보의 유용성 ② 근거의 신뢰성 ③ 내용의 적절성 ④ 자료의 적용 범위 ⑤ 학습 환경 ⑥ 학습 결과

49) 인터넷 신문에는 사형제 폐지와 관련하여 많은 의견과 기사와 올라와 있다. 그러나 여기에서 사용된 자료들은 연구자가 작성한 내용을 바탕으로 한 하나의 예시임을 밝혀둔다.

50) http://korean.go.kr/06_new/dic/search_input.jsp에서 인용(검색일자: 2007. 3. 8)

51) 이 부분은 김민정(2002: 24-28), 박소현(2005: 10-14), 박인기 외(2003: 232-241), 박혜영(2003: 11-15), 설동남(2003: 14-18), 윤정옥(2000: 22-25), 임헌태(1999: 24-29), 정진주(2006: 18-21), 조현주(2006: 13-18), 황미정(2006: 10-12)을 참조한 것이다.

52) http://www.hani.co.kr/arti/cartoon/bibimtoon/181650.html에서 홍승우 그림 인용(검색일자: 2007. 2. 28)

53) http://www.hani.co.kr/arti/cartoon/olddog/182087.html에서 정우열 그림 인용(검색일자: 2007. 2. 28)

54) 이러한 점은 이미 우한용 외(2003: 242)에서 지적된 바 있다.

55) 우한용 외(2003: 244)에서는 시사만화 분석 과정을 ① 만화 관찰하기 ② 만화에 내포된 구성 요소의 파악 ③ 구성 요소 간의 관계 파악 ④ 구성 요소가 상징하는 것을 찾아내기 ⑤ 만화 속에 감추어진 편견 찾아내기 ⑥ 만화 표현의 적절성 여부 알아내기 ⑦ 만화가가 의도하는 것을 파악하기로 나누어 보고 있다. 또한 설은정(2002: 17)에서는 ① 관찰 ② 만화 구성 요소 분석 ③ 추론 ④ 내용 구조화 ⑤ 사고 전이 및 적용의 5단계로 구분하고 있다. 본 연구에서는 이 두 견해를 근거로 하여 시사만화 분석 과정을 제시한다.

56) http://www.hani.co.kr/arti/cartoon/hanicartoon/171786.html에서 한겨레 신문사 만평 그림 인용(검색일자: 2007. 3. 1)

57) 여기에 제시된 자료는 서울시립대학교 국제교육원으로부터 제공받은 것이다. 자료 사용을 허락해 주신 관계자분들께 감사드린다.

58) '한류'에 대한 개념은 http://100.naver.com/100.nhn?docid=771137을 참조한 것이다. (검색일자: 2007. 3. 29)

59) 이 수업 방안은 Gitsaki & Taylor(2000: 14-17, 58)의 내용을 기초로 한 것임을 밝혀둔다.

60) 이 부분은 한말연구 18집에 "다매체를 활용한 한국어 통합 교육 방안: 고급 수준 학습자를 중심으로"(2006: 26-36)라는 제목으로 발표된 논문을 수정·보완한 것이다.

61) 한국어를 배우고자 하는 외국인 학습자의 상당수가 능숙한 수준의 한국어 구사를 희망하는 경우가 많으며 학문적 목적이나 전문적 업무를 위해 배우는 경우들이 증가하고 있음을 볼 때에, 고급 수준 학습자들을 위한 한국어 교육 방법과 교재의 개발이 시급한 실정이며, 학습자 개인의 한국어 학습 동기와 사용 목적 등을 고려한 맞춤형 교육도 필요하다.

62) 앞에서 언급하였듯이 한국어 교육에서는 문법 위주의 교육이 상당히 중시되어 왔고, 한국어 교육 현장에서 학습자의 필요(needs)와 흥미를 고려

한 교육이 이루어지게 된 역사는 그리 길지 않다. 따라서 학습자 중심의 교육 방법과 적용에 대한 연구는 앞으로 지속적으로 이루어져야 할 부분이며, 이러한 측면에서 학습자들이 다양한 수업 환경과 상황을 접할 수 있도록 해 주는 것이 필요하리라 생각한다.

63) 한국어 교육에서 여러 매체를 수업에 도입하는 것에 대해서는 최정순(1999), 이정희(1999), 지현숙(2001) 등에서 이미 논의된 바 있다. 그러나 이러한 연구들은 한 가지 매체를 주요 활용 매체로 선정하여 한국어 교육 현장에서 적용하는 방안에 대한 것이 대부분이다. 본 연구에서는 수업 구성 시 여러 매체를 다각도로 활용하여 언어의 네 가지 기술(말하기, 듣기, 읽기, 쓰기)을 통합적으로 교육하는 것에 대해 고찰하고자 한다.

64) 고급 수준 학습자 위주의 수업은 단순히 한국어로 말할 수 있다는 기초적인 의사소통 수준을 넘어서서 한국어로 비판, 주장, 설득 등이 가능하도록 내용을 구성하는 게 바람직하다.(ACTFL, 1989)

65) 웹 사이트를 검색해 보면 행정 도시 건설과 관련된 기사나 여러 의견을 접할 수 있고, 이를 수업의 목적에 맞게 사용할 수 있으리라 생각된다. 여기에서 사용된 자료들은 연구자가 작성한 자료를 바탕으로 한 하나의 예시임을 밝혀둔다.

66) http://korean.go.kr/06_new/dic/search_input.jsp에서 인용(검색일자: 2007. 3. 28)

67) 광고의 기능에 대해서는 오인환(2001: 64-65), 이종은(1998: 25-29), 고현주(2002: 28-29), 이두희(2002: 16-18)를 참조하였다.

68) 광고의 경제적 영향에 대해서 Lancaster & Yaguchi(1983: 431)는 다음과 같은 긍정적인 측면과 부정적인 측면을 주장하고 있다.(이종호, 1996: 65에서 재인용)

〈표 3〉 광고의 경제적 영향

분야 \ 영향	긍정적 영향	부정적 영향
경제	① 경제성장, 투자 및 고용의 촉진 ② 경쟁의 유지 ③ 소비자에의 경쟁의 고지와 촉진	① 자원의 낭비와 고갈화 ② 독점으로의 유도 ③ 비가격경쟁의 일반화
산업	① 신제품의 시장확대 ② 기업상품간 경쟁의 촉진	① 참입장벽의 형성 ② 출혈적 경쟁
기업	① 규모의 이익의 계속적 실현 ② 마케팅위험과 불확실성의 감소	① 원가와 가격인상 ② 과대이익의 획득
소비자	① 무료정보의 제공 ② 품질통제의 수단으로서의 역할 ③ 수요의 환기, 유지, 안정화 ④ 생활수준향상을 위한 유인의 제공	① 낭비조장적, 오도적 정보 전달 ② 근소한 차이의 확대에 의한 제품의 차별화

69) 광고의 교육적 가치에 대한 내용은 진혜영(2003: 35-40), 임성희(2002: 23-24)를 기초로 한 것이다.

70) 앞에서 언급하였듯이 광고는 무엇인가 알리고 소비를 촉진하고 어떤 신념이나 가치를 전달할 목적에 초점이 맞추어진 것이기 때문에, 때로 교육적 자료로서 적당하지 않을 수도 있다. 이러한 시각에서 진혜영(2003: 85-86)은 불어 교육에서 광고를 사용할 때에 다음과 같은 사항을 고려할 것을 제시하고 있는데, 이는 한국어 교육에서도 고려할 만한 내용이라 생각한다.

① 학습자 중심 교육 측면

- 학습자의 동기를 유발할 수 있고 관심을 지속적으로 유지시킬 수 있는가?
- 문법이나 어휘 등이 학습자의 언어적 수준에 적합한가?
- 학습자의 언어 요구 혹은 관심을 고려한 것인가?

· 광고 텍스트의 의미 파악에 학습자의 경험이 관여할 수 있는가?
· 광고 텍스트의 내용이 학습자의 지적 · 심리적 수준에 부합한 것인가?

② 교수 · 학습 계획 성취 측면

· 광고 텍스트의 내용이 학습 목표에 적합한 것인가?
· 교사-학습자, 학습자-학습자의 상호작용이나 교수계획에 부합되는 학습활동을 유도할 수 있는 내용인가?
· 광고 언어의 탈문법 현상이 지나쳐 학습자의 바람직한 언어 사용을 방해할 소지가 있지 않은가?

③ 목표어 문화 제시 측면

· 프랑스 사회, 문화의 이해에 도움을 줄 수 있는 내용인가?
· 광고가 학습자에게 프랑스 문화에 대한 올바르지 못한 고정관념(stereotypes)을 심어줄 수 있는 내용을 담고 있지는 않은가?

71) 요즘은 텔레비전에서 방영된 광고들을 웹 사이트를 통해서도 감상할 수 있다. 여기서는 저작권 문제와 관련하여 따로 광고 자료를 사용하지 않고 필자의 구상을 바탕으로 한 예시를 제시하였다.
72) 광고 관련 홈페이지에는 광고를 감상한 후 감상 후기를 올리는 전자 게시판이 마련된 곳이 많다. 이러한 게시판을 활용하면 수업에 큰 도움이 되리라 생각한다.

참고문헌

강민경(1999), 「컴퓨터 워드프로세서 프로그램을 사용한 작문 과정에 대한 연구」, 서울대학교 석사학위논문.

강인애(1995), "인지적 구성주의와 사회적 구성주의에 대한 간략한 고찰," 「교육공학연구」 11(2), 한국교육공학연구회.

_______(1997), 「왜 구성주의인가」, 문음사.

강현두(2000), 「현대사회와 대중문화」, 나남출판.

강휘원(1998), "정보화 사회의 확산과 교육의 정보공간활용: 수업방법의 변화를 중심으로," 「사회과학연구」2, 평택대학교 사회과학연구소.

계정림(1999), 인터넷 신문의 발전 방향에 관한 연구: 전자신문의 콘텐츠 분석을 중심으로, 연세대학교 석사학위논문.

고기정(1993), "하이퍼미디어: 새로운 학습매체의 교육적 적용," 「교육공학연구」8(1), 한국 교육공학연구회.

고현주(2002), 「광고의 교육적 활용에 관한 연구」, 연세대학교 석사학위논문.

고혜윤(2004), 「광고 텍스트를 활용한 비판적 읽기 능력 신장 방안 연구」, 국민대학교 석사학위논문.

구자순(1999), "사이버 스페이스에서 성 정체성과 의사소통형태," 「사이버

커뮤니케이션학보」4, 사이버커뮤니케이션학회.
권성호(2003), “교육패러다임의 변화: 미디어교육커리큘럼 개선방안,” 한국언론학회 미디어 교육위원회 제2차 미디어 교육 국내 심포지엄 발표문, 한국언론학회.
국어교육연구소(2003). 「하이퍼미디어 시대의 언어 문화 교육 연구 중간 보고서」, 서울대학교 국어교육연구소.
국제한국어교육학회(1997), 「한국말 교유 소식」 제8호, 국제한국어교육학회.
국제한국어교육학회 편(2005), “교재의 구성과 개발 방향,” 「한국어교육론 1」, 한국문화사.
김고은(2005), 개인의 문화적 자기(self)가 블로그 활용에 미치는 영향에 관한 연구: 한국과 미국의 비교를 중심으로, 홍익대학교 석사학위논문.
김관규(2000), “전자메일과 다른 대인매체의 기능적 관계에 관한 연구”, 「한국언론학보」 44(2), 한국언론학회.
김대행(1998). “매채언어 교육론 서설,” 「국어교육」 97. 한국국어교육연구회.
김대행 외(2006), 「하이퍼텍스트의 언어문화 이해교육」, 서울대학교출판부.
김도운(2002), 인터넷 신문의 컨텐츠와 운영에 관한 연구: 신문유형간의 특성을 중심으로, 한남대학교 석사학위논문.
김동규(2001), “한국 인터넷신문 시장에 대한 경제적 분석”, 「한국언론학보」45(4), 한국언론학회.
김동식(2000), “하이퍼미디어 프로그램의 지식 표현과 내용 구조에 대한 새로운 시각,” 「교육공학연구」16(1), 한국교육공학연구회.

김명준(2001), “한국 인터넷 신문의 발달과 특성에 관한 연구: 대안성과 상업성을 중심으로,” 「사이버커뮤니케이션학보」7, 사이버커뮤니케이션학회.

김민정(2002), 시각언어와 텍스트구조화가 읽기 능력에 미치는 효과, 신라대학교 석사학위논문.

김선곤(1992), “광고의 경제적 기능에 관한 소고,” 「논문집」22, 전북대학교 산업경제연구소.

김성해(2000). 「전자텍스트 읽기 지도에 관한 연구」, 서울대학교 석사학위논문.

김양은(2003). “인터넷 시대의 미디어 교육,” 매비우스 포럼 발제문

김양은(2003), “미디어 교육의 어제, 오늘 그리고 미래,” 1차 미디어 교육 국내 심포지엄 발표문. 한국언론학회.

김영만(2003a). “개인 홈페이지를 활용한 국어 작문 교육에 대한 연구,” 「국어교육연구」11. 서울대학교 국어교육연구소.

______(2003b). “홈페이지 기행문 중심의 한국어 쓰기 교육 방안,” 「국어교육연구」12, 서울대학교 국어교육연구소.

______(2003c). “하이퍼텍스트 작문의 특성과 한국어 작문 교육 방향,” 「한국어교육」14(3), 국제한국어교육학회.

______(2004a), “청소년 개인 홈페이지의 표현 양상과 국어 작문 교육,” 「국어교육학연구」 19, 국어교육학회.

______(2004b), “홈페이지 중심의 국어 작문 교육 방안 연구,” 「국어교육연구」13. 서울대학교 국어교육연구소.

______(2005a), 「한국어 교육의 이론과 실제」, 역락.

______(2005b), “블로그를 활용한 한국어 표현 교육 방안 연구,” 「한말연구」16. 한말연구학회.

______(2005c), “인터넷 신문을 활용한 한국어 수업 구성 방안 연구,” 「겨레어문학」35, 겨레어문학회.

______(2006), “다매체를 활용한 한국어 통합 교육 방안: 고급 수준 학습자를 중심으로,” 「한말연구」18. 한말연구학회.

김영업(2005), 「동영상 광고를 활용한 한국어 수업 활성화 방안 연구」, 선문대학교 석사학위논문.

김유정(1996), “사이버스페이스와 인간 커뮤니케이션: 대안적 커뮤니케이션 양식으로서의 컴퓨터 매개 커뮤니케이션에 관한 논의,” 「언론사회문화」5, 연세대학교 언론연구소.

______(1999), “인터넷 내용물 규제에 관한 고찰,” 「사회과학논집」11, 수원대학교 사회과학연구소.

김인경(2004), 「블로그 이용을 통한 대인커뮤니케이션에 관한 연구: 싸이월드‘미니홈피’ 이용자를 중심으로」, 중앙대학교 석사학위논문.

김익현(2002), 「인터넷의 매체특성이 인터넷신문 기사에 미치는 영향: 아이뉴스24와 이데일리를 중심으로」, 연세대학교 석사학위논문.

김일혁(1998), 「정보화사회의 사회변화에 대한 PC통신 사용자의 지각 조사연구」, 연세대학교 석사학위논문.

김정탁(1998), 「미디어와 인간」, 커뮤니케이션북스.

김종길(2004), “정보사회 전면화 시대의 새로운 도전: 인터넷 활용격차,” 「사회과학연구」10, 덕성여자대학교 사회과학연구소.

김중태(2004), 「나는 블로그가 좋다」, 이비컴.

김지수(2004), “블로그의 사회문화적 진화와 이슈,” 「정보통신정책」16(8),

김춘이(2002), 「신문활용교육을 통한 읽기 교육의 활성화 방안: 중학교 2학년 국어과를 중심으로」, 경희대학교 석사학위논문.

김태우(2005), 「신문사의 인터넷 신문에 관한 연구: 조선, 중앙, 동아일보를 중심으로」, 동아대학교 석사학위논문.
김하수 외(1996), 「한국어 능력 검정 제도의 실시를 위한 기본 연구에 관한 최종 연구 보고서」.
______(1998), 「한국어 세계화 추진을 위한 기초 기반 구축 사업 1차년도 결과 보고서: 외국어로서의 한국어 교육을 위한 기본 문형 선정 연구」, 문화관광부.
김혜빈(2006), 「블로그에 나타난 커뮤니케이션 유형에 관한 연구: 디지털 스토리텔링 관점에서」, 이화여자대학교 석사학위논문.
김희수(1994), "하이퍼텍스트와 하이퍼미디어의 연구과제," 「교육공학연구」10(1), 한국교육공학연구회.
______(1995), "하이퍼텍스트 학습상황에서 메타인지, 인지오류, 인지오류 감지 및 하이퍼텍스트 구조가 저작체제 학습에 미치는 효과," 「교육공학연구」11(1), 한국교육공학연구회.
라도삼(1997), "가상공간의 담론체계와 하이퍼텍스트," 「언론연구」6(1), 중앙대학교 언론연구소.
류현주(2000), 「하이퍼텍스트 문학」, 김영사.
민현식(2001), 「정보통신 언어의 순화 및 정보윤리교육의 학교교육 활용 방안 연구」, 교육인적자원부.
______(2004), "한국어 표준교육과정 기술 방안," 「한국어 교육」15(1), 국제한국어교육학회.
______(2005), "한국어 교사론," 「한국어 교육」16(1), 국제한국어교육학회.
박경자 외(1998). 「영어교육입문」, 박영사.
박기원(2005), 「광고언어를 활용한 이해력 신장 교육에 대한 연구」, 단국대학교 석사학위논문.

박복희(2002). “청소년문화와 국어교육적의 소통을 위하여,” 「국어교육학연구」 15, 국어교육학회.

박상태(2002), 「인터넷신문 편집의 가독성에 관한 연구: 4대 전국일간지 인터넷신문 본문 글을 중심으로」, 홍익대학교 석사학위논문.

박성호(2002), 「인터넷미디어의 이해와 활용」, 커뮤니케이션북스.

박소현(2005), 「만화를 활용한 영어 수업이 말하기 능력에 미치는 영향 및 수업 방안에 관한 연구: 중학교 1학년 학습자를 중심으로」, 이화여자대학교 석사학위논문.

박수호(2003). 「사이버 공동체의 개괄적 이해」, 매비우스 포럼 발제문.

박순백(1989), 「전자게시판」, 집문당.

박인기 외(2003), 「국어교육과 미디어 텍스트」,삼지원.

박인우(1996), “학교교육에 있어서 구성주의 교육원리의 실현매체로서 인터넷 고찰,” 「교육공학연구」 12(2)

박혜영(2003), 「만화를 통한 쓰기 학습이 중학생들의 쓰기 능력 및 학습 태도에 미치는 영향」, 이화여자대학교 석사학위논문.

박혜진(2004), 「대중매체를 활용한 영어문법교육이 중학교 학습자의 문법 학습효과 및 정의적 측면에 미치는 영향」, 이화여자대학교 석사학위논문.

박희로(2002), 「컴퓨터 통신 언어 교육에 관한 연구」, 동아대학교 석사학위논문.

배식한(2000), 「인터넷, 하이퍼텍스트 그리고 책의 종말」, 책세상.

서유경(2002). 「인터넷 매체와 국어교육」, 역락.

설동남(2003), 「영어과 교재로서의 영어 만화 내용 분석 연구」, 연세대학교 석사학위논문.

설은정(2002), 「시사만화 활용을 통한 비판적 읽기 능력 신장 방안」, 신라대학교 석사학위논문.
성기완(2003), "영화 속에 나타난 영어교수 방법의 분석,"「영상영어교육」4(1), 영상영어교육학회.
성기철.(1998), "한국어 교육의 목표와 내용,"「이중언어학」15. 이중언어학회.
성동규·라도삼(2000),「인터넷과 커뮤니케이션」, 한울아카데미.
손병길(1999), "정보화 교육과 교육정보화,"「인문과학논집」8(1), 강남대학교 인문과학연구소.
송영아(2002),「광고 언어를 활용한 국어 교육 방안 연구」, 단국대학교 석사학위논문.
송지나(2003),「국어교육에서 매체 활용 연구」, 성신여자대학교 석사학위논문.
신동술(2002),「이메일을 활용한 고등학생들의 영어 쓰기 능력 향상 방안 연구」, 연세대학교 석사학위논문.
신연정(2004),「광고 언어를 활용한 교수·학습 방안 연구: 고등학교 '문법' 과목을 중심으로」, 성신여자대학교 석사학위논문.
신윤식 외(1992),「정보사회론」, 데이콤.
신종호(2000),「인쇄 신문과 인터넷 신문 이용자의 내용인식에 관한 비교 연구」, 한양대학교 석사학위논문.
신진(2002),「전자 게시판을 활용한 과정 중심 영어 작문 지도」, 전남대학교 석사학위논문.
엘지커뮤니카토피아연구소 편(1999),「정보혁명, 생활혁명, 의식혁명」, 백산서당.
양재옥(2001),「광고 언어의 교육적 활용 방안: 국어지식 영역을 중심으로」, 경기대학교 석사학위논문.

오인환(2001), 「현대광고론」, 나남.

오지영(2000), 「영화를 이용한 학습활동과 언어자각력에 대한 연구: 대학 영어교육 효과를 위한 제언」, 국민대학교 박사학위논문.

오택섭(1997), “인터넷 연구의 영역과 현황 및 과제,” 「사이버커뮤니케이션학보」1, 사이버 커뮤니케이션학회.

우지수(2005), 「블로그 이용 동기와 만족 그리고 인지유형에 관한 연구: 대학생 집단을 중심으로」, 성균관대학교 석사학위논문.

우한용 외(2003), 「신문의 언어문화와 미디어 교육」, 서울대학교출판부.

______(2006), 「인터넷 시대의 글쓰기와 표현교육」, 서울대학교출판부.

유영만(1994), “수업체제설계의 연구동향과 발전방향: 패러다임 전환과 이론적 실천에의 시사점 논의를 중심으로,” 「교육공학연구」10(1), 한국교육공학연구회.

______(2000), “정보화와 성인학습의 생활화: 사이버 성인학습의 일상화와 전략,” *Interdisciplinary Journal of Adult & Continuing Educaton*, 3(1), 한국성인교육학회.

______(2001), “eLearning과 디지털 리터러시: 디지털 시대의 새로운 학습능력,” 「산업교육연구」8, 한국산업교육학회.

윤세민(2001), 「인터넷신문의 웹미디어적 특성 연구: 콘텐츠 구성 표현 및 상호작용 메커니즘 분석을 중심으로」, 성균관대학교 박사학위논문.

윤승금(1999), “구성주의 철학과 정보사회의 교수매체 활용 방안 연구,” 「서울산업대학교논문집」49, 서울산업대학교.

윤여순(1995), “상호작용 멀티미디어의 교실수업에서의 적용: 학습자의 메타인지 전략 사용을 중심으로,” 「교육공학연구」11(1), 한국교육공학연구회.

윤영철(2001), “온라인 저널리즘과 뉴스 패러다임의 변화,” 「사이버커뮤니케이션학보」 7, 사이버커뮤니케이션학회.

윤인순(2002), 「대학도서관 전자게시판을 이용한 온라인 전자참고서비스에 관한 연구」, 중앙대학교 석사학위논문.

윤정옥(2000), 「만화자료를 통한 학습활동이 초등영어 듣기·말하기 능력 신장에 미치는 효과」, 부산교육대학교 석사학위논문.

윤종건(2000), "포스트모더니즘, 구성주의 그리고 바람직한 교사상," 「한국교사교육」17(3), 한국교원교육학회. 213-229

윤현철(2004), 「블로그의 이용동기와 행태에 관한 탐험적 연구」, 홍익대학교 석사학위논문.

이강현(2003), 「인쇄신문과 인터넷신문 기사 비교 연구: 2002 미군궤도차량에 의한 여중생 사망사건 관련 기사를 중심으로」, 경희대학교 석사학위논문.

이경화(2000), "매체 언어의 국어 교재화 방안," 「한국초등국어교육」17, 한국초등국어교육학회.

이대구(1996), 「국어과 교육 방법론」, 대교출판사.

이두희(2002), 「광고론」, 박영사.

이명근·김민규(2001), "웹 기반 작문교육 프로그램의 효과 연구," 「교육공학연구」17(2), 한국교육공학연구회.

이무웅 외(1994), 「정보사회와 인간관계론」, 백산출판사.

이상구(2000), "구성주의 동향에 따른 학습자 중심 문학 교육 방안," 「한국어문교육」9(1), 한국교원대학교 한국어문교육연구소

이석주 외(2002). 「대중 매체와 언어」, 역락.

이선희(2000), 「컴퓨터 대화방 언어 고찰」, 전남대학교 석사학위논문.

이성영(1995). 「국어교육의 내용 연구」, 서울대학교 출판부.

이은화(2002), 「광고를 활용한 국어교육 방안 연구」, 인천대학교 석사학위

논문.
이재윤(2004), 「하이퍼텍스트를 기반으로 한 한국어 읽기 교재 개발에 관한 연구」, 연세대학교 석사학위논문.
이재현(1999), "인터넷, 온라인 삶, 그리고 정체성," 「사회과학논총」10, 충남대학교 사회과학연구소.
______(2005), 「인터넷과 사이버사회」, 커뮤니케이션북스.
이정복(2003). 「인터넷 통신 언어의 이해」, 월인.
이정희(1999), "영화를 통한 한국어 수업 방안 연구," 「한국어 교육」10(1), 국제한국어교육학회.
이종은(1998), 「광고학원론」, 신성출판사.
이종일(1999), "사회적 구성주의," 초등교육연구논총 13, 대구교육대학교.
이종호(1996), 「광고론」, 경문사.
이채연(1996), "하이퍼미디어를 이용한 국어과 수업 전략: 구비문학교육을 중심으로", 「어문학」60, 한국어문학회.
______(1998). "WBI를 이용한 국어교과 개별화 수업설계와 활성화 방안," 「국어교육」______(2001). "인터넷 매채 언어성과 국어 교재화 탐색," 「국어교육」 104. 한국국어교육연구회.
이태훈(2004), 「인쇄신문과 온라인신문의 정보전달방식 차이가 수용자게 미치는 영향」, 동국대학교 석사학위논문.
이현우(2000), "사이버 소비자운동과 온라인 이슈관리," 「연세커뮤니케이션즈」13, 연세대학교 언론홍보대학원.
임성희(2002), 「광고를 활용한 영어교육에 관한 연구」, 한양대학교 석사학위논문.
임천택(2002a), 「하이퍼텍스트 기반의 작문 교수·학습 모형에 관한 연구」, 한국교원대학교박사학위논문.

______(2002b), “하이퍼텍스트의 특성과 작문 교육적 의의 고찰,” 「한국어문교육」 11(1), 한국교원대학교 한국어문교육연구소.

임철일(1999), “상호작용적 웹기반 수업 설계를 위한 종합적 모형의 탐색,” 「교육공학연구」 15(1), 한국교육공학연구회.

임칠성(2000), “컴퓨터 공개 대화방 대화의 매체 언어적 성격과 대화 양식 고찰,” 「텍스트 언어학」 9, 한국텍스트언어학회.

임헌태(1999), 「만화의 교육적 활용에 관한 연구: 중학교 3학년 어휘 수업을 중심으로」, 연세대학교 석사학위논문.

장지희(2001), 「영어 모국어 화자와 비모국어 화자의 영문 이메일 유형 분석」, 연세대학교 석사학위논문.

전석호(1993), 「정보사회론」, 나남출판.

전은진(2000), 「컴퓨터 통신 대화 연구」, 한양대학교 석사학위논문.

정명규(2001), 「컴퓨터 통신언어 지도 방안 연구」, 경상대학교 석사학위논문.

정무사(2002), 「국어 통신언어 교육의 방향 연구」, 건국대학교 석사학위논문.

정준영(1994), 「만화보기와 만화읽기」, 한나래.

정지영(1998), 「하이퍼텍스트 구조의 레토릭적 패턴: 설명형 담론과 서사형 담론의 비교 분석」, 연세대학교 박사학위논문.

정진주(2006), 「만화를 활용한 초등영어 문자지도 방안」, 경인교육대학교 석사학위논문.

조병량 외(2001), 「현대광고의 이해」, 나남.

조영남(1998), “구성주의 교수·학습,” 「초등교육연구논총」 12, 대구교육대학교.

조용기(1998a) “구성주의 교육의 조절,” 「초등교육연구논총」 12, 대구교육대학교 초등교육연구소.
______(1998b), “구성주의 교육 이론의 과제와 전망,” 「교육이론과 실천」 8(1), 경남대학교 교육문제연구소.
조은순(2000), “국제간 인터넷 프로젝트 중심학습의 수업설계 전략 고찰: 한국형 앵커드 수업이론 설계를 위한 사례분석,” 「교육공학연구」 16(1), 한국교육공학연구회.
조현주(2006), 「초등영어교육에서 만화의 활용방안: 초등학교 6학년을 대상으로」, 단국대학교 석사학위논문.
지현숙(2001), 웹 기반 한국어 교재 개발의 쟁점, 「한국어 교육」 12(1), 국제한국어교육학회.
진혜영(2003), 「불어교육에 있어서의 광고 활용 방안에 관한 연구」, 이화여자대학교 석사학위논문.
차배근(1978), “광고의 개념,” 「커뮤니케이션 연구」 4, 경희대학교 커뮤니케이션 조사연구소.
최미숙(2006), “매체 환경에 따른 국어교육 내용 선정: 새로운 국어과 교육과정을 중심으로,” 「제25회 한말연구학회 전국학술대회 발표문」, 한말연구학회.
최선희(2005), 「블로그를 통한 시각적 자아표현과 사용자 만족에 관한 연구: 미니홈피를 중심으로」, 숙명여자대학교 석사학위논문.
최영(2001), “커뮤니케이션 매체로서의 인터넷 이용 동기와 사용에 관한 연구,” 「사이버커뮤니케이션학보」 8, 사이버커뮤니케이션학회.
최영·김병철(2000), “인터넷 신문의 상호작용성에 관한 연구,” 「한국언론학보」 44(4), 한국언론학회.
최용재·유무근(2003), “영화를 이용한 영어교육,” 「영상영어교육」 4(1), 영상영어교육학회,

최욱·양길석(1998), “교수체제 개발에서의 구성주의와 교수주의,” 「안암교육학연구」 4(1), 안암교육학회.

최인자(2001), 「국어교육의 문화론적 지평」, 소명.

최정순(1999), “새로운 수업 도구로서의 컴퓨터(웹),”「한국어 교육」 10(2), 국제한국어교육학회.

최현섭 외(1996). 「국어교육학개론」. 삼지원.

최혜실(2000), 「모든 견고한 것들은 하이퍼텍스트 속으로 사라진다」, 생각의 나무.

최환진(2000), 「인터넷 광고의 효과 과정」, 커뮤니케이션북스.

하문혜(2002), 「만화 텍스트 읽기를 통한 쓰기 발상 지도 방안 연구」, 서울교육대학교 석사학위논문.

한국인터넷진흥원(2006a), 「2005년 하반기 정보화실태조사」, 한국인터넷진흥원.

한국인터넷진흥원(2006b), 「2006년 상반기 정보화실태조사」, 한국인터넷진흥원.

한국전산원(1997), 「정보사회 촉진방안 연구 ’97연구개발결과보고서」, 한국전산원.

한유경(1997), “2010년 교육 환경의 변화,” 「정보화정책」 4(2)

허영희(2006),「광고 언어를 활용한 중학국어 수업 방안」, 단국대학교 석사학위논문.

현경보·이미영(2001), “인터넷신문 평가요인에 관한 탐색적 연구,” 「사이버커뮤니케이션학보」 7, 사이버커뮤니케이션학회.

황미정(2006), 「영어 만화 자료를 활용한 수업이 듣기말하기 능력과 흥미도에 미치는 영향」, 춘천교육대학교 석사학위논문.

황상민(2002). 「사이버 공간에 또다른 내가 있다」. 김영사.

황용석(1998), 「웹이용 과정에서 플로우(flow) 형성에 관한 이론적 모델 연구: Amos를 이용한 구조방정식모델의 구축」, 성균관대학교 박사 학위논문.

增田朱(1984), 「정보화사회」, 건설문화사.

清水公一(1993), 「廣告の理論と戰略」, 創成社.

ACTFL(1989), *Oral Proficiency Interview*, The American Council on the Teaching of Foreign Languages.

Bachman, L.(1990), *Fundamental Considerations in Language Testing,* Oxford University Press.

Bachman, L. and Palmer, A.(1996), *Language Testing in Practice,* Oxford University Press.

Berk, E. & Devlin, J.(Eds)(1991), *Hypertext/Hypermedia Handbook*, McGraw-Hill.

Blood, R.(2002), *The Weblog Handbook*, 「블로그」, 정명진 역(2003), 전자신문사.

Bolter, J.(2001), *Writing Space,* Lawrence Erlbaum Associate.

Breen, M.(1987), "Learner Contributions to Task Design," In Candlin, C., & Murphy, D.(Eds.), *Language Learning Tasks*. Prentice Hall.

Brooks, J. G. & Brooks, M. G.(1993), *The Case Study for Constructivist Classrooms*, ASCD.

Brown, D.(1994), *Principles of Language Learning and Teaching,* Prentice Hall.

______(1994), *Teaching by Principles: An Interactive Approach to Language Pedagogy*, Prentice Hall.

Brown, J.(1995), *The Elements of Language Curriculum*, Newbury

House.

Bruner, J.(1966), *Toward a Theory of Instruction,* The Belknap Press.

Canale, M.(1983), "From Communicative Competence to Communicative Performance," In Richards, J. and Schmidt, R. (Eds.), *Language and Communication,* Longman.

Canale, M. and Swain, M.(1980), "Theoretical Bases of Communicative Approaches to Second Language Teaching and Testing," *Applied Linguistics*, 1.

Candlin, C. and Murphy, D. (Eds.), (1987), *Language Learning Tasks,* Prentice Hall.

Dornyei, Z.(2001), *Motivational Strategies in the Language Classroom*, Cambridge University Press.

Driscoll, M. P.(1994), *Psychology of Learning for Instruction*, Allyn and Bacon.

Duffy, T. M. & Cunningham, D. J.(1996), "Constructivism: Implication for the Design and Delivery of Instruction," In Jonassen, D. H.(Ed.), *Handbook of Research for Educational Communications and Technology*. Macmillan.

Dunlap, J. C. & Grabinger, R. S.(1996), "Rich Environments for Active Learning in the Higher Education Classroom," In Wilson, B.(1996), *Constructivist Learning Environments: Case Studies in Instructional Design*. Educational Technology Publications.

Edwards, P.(1978), *The Encyclopedia of Philosophy,* Vol 1. The Macmillan Co. & The Free Press.

Ellis, R.(2003), *Task-based Language Learning and Teaching*, Oxford University Press.

Finocchiaro, M. and Brumfit, C.(1983), *The Functional-Notional Approach,* Oxford University Press.

Fosnot, C. T.(1996), *Constructivism: Theory, Perspectives, and Practice*, Teachers College University.

Garrand, T.(2001). *Writing for Multimedia and the Web*. Focal Press.

Gitsaki, C. & Taylor, R.(2000), *Internet English*, Oxford University Press.

Grabinger, R. S.(1996), "Rich Environments for Active Learning," In D. H. Jonassen(Ed) *Handbook of Research for Educational Communications and Technology*, Macmillan.

Guba, E. G. & Lincoln, Y. S.(1989), *Fourth Generation Evolution*, Sage Publications

Honebein, P. C.(1996), "Seven Goals for the Design of Constructivist Learning Environments," In B. Wilson(1996), *Constructivist Learning Environments: Case Studies in Instructional Design.* Educational Technology Publications

Kennewell, S.(1995), "Information Technology Capability: How Does It Develop?" In J. David Tinsley & Tom J. van Weet(Ed), *World Conference on Computers in Education* VI.

Kilian(2000), *Writing for the Web*. Self-counsel Press.

Kotler, P.(1984), *Marketing Management: Analysis, Planning and Control*, Prentice Hall.

Lancaster, K. M. & Yaguchi, D. O.(1983), "How Economists Have

Treated Advertising 1890-1940," *Journal of Advertising History*.

Landow, G.(1997), *Hyptertext 2.0*, 「하이퍼텍스트 2.0」, 여국현 역(2001), 문학과학사.

Lebow, D.(1993), "Constructivist Values for Instructional Systems Design: Five Principles Toward a New Mindset," *Educational Technology Research and Development*, 41(3).

McGovern, G. & Norton, R. & O'Dowd, C.(2002), *The Web Content Style Guide,* Prentice Hall,

Maslow, A.(1970), *Motivation and Personality*. Harper and Row Publishers.

Masuda, Y.(1980), *Information Society*, JIs.

Moran, P.(2001), *Teaching Culture: Perspectives in Practice*, Newbury House.

Morris, M. & Ogan, C.(1996), "The Internet as Mass Medium," *Journal of Communication*, 46(1).

Murphy, D. (Eds.), (1987), *Language Learning Tasks,* Prentice Hall.

Naisbitt, J.(1982), *Megatrends*,「메가트렌드 2000」, 한국경제신문사 외신부 역(1990), 한국경제신문사.

Nielsen, J.(1995), *Multimedia and Hypertext: The Internet and Beyond*, Academic Press.

______(1999), *Designing Web Usability: The Preactice of Simplicity*, 「웹 유저빌러티: 사용하기 쉬운 웹사이트가 성공한다」, 김옥철 역(2002), 안그라픽스.

Nunan, D.(1989), *Designing Tasks for the Communicative Classroom*, Cambridge University Press.

Picher, O. et al.,(1991), "Hypermedia," In Berk, E & Devlin, J(Eds), *Hypertext/Hypermedia Handbook*, McGraw-Hill.

Price, J & Price, L(2002). *Hot text*. New Riders.

Richards, J.(1984), "Language Curriculum Development," *RELC Journal,* 15(1).

Richards, J. and Rodgers, T.(1986), *Approaches and Methods in Language Teaching,* Cambridge University Press.

Richards, J. and Schmidt, R. (Eds.), (1983), *Language and Communication*. Longman.

Richards, J., Platt, J., and Weber, H.(1986), *Longman Dictionary of Applied Linguistics*. Longman.

Sackman, H.(1971), *Mass Information Utilities and Social Excellence*, Auerbach.

Savery, J. R. & Duffy, T. M.(1996), "Problem Based Learning: An Instructional Model and Its Constructivist Framework," In Wilson, B. *Construcivist Learning Environments: Case Studies in Instructional Design*. Education Technology Publications.

Shneiderman, B(1989), "Reflections on Authoring, Editing, and Managing Hypertext", In Barrett, E.(Ed), *The Society of Text*, MIT Press.

Tehranian, M.(1987), *The Age of Information: The Dialectics of Technology and Mythology*,

Toffler, A.(1990), *Power Shift*, 「권력이동」이규행 역(1990), 한국경제신문사.

Tomlinson, B.(1998), *Materials Development in Language Teaching*,

Cambridge University Press.

Tompkins, G.(2000). *Teaching Writing*. Prentice Hall.

Willis, J.(1996), *A Framework for Task-Based Learning,* Longman.

찾아보기